GEORGES VIANCE

L'œuvre accomplie

par la

Fédération Nationale Catholique

L'œuvre de la Fédération
c'est l'œuvre même de
l'Action catholique.
Pie XI.

F. N. C.

rue du Montparnasse, PARIS (VI')

— 1930 —

GEORGES VIANCE

L'ACTION CATHOLIQUE
DE FRANCE

L'œuvre accomplie
par la Fédération Nationale Catholique

L'œuvre de la Fédération
c'est l'œuvre même de
l'Action catholique.
Pie XI.

F. N. C.
36, rue du Montparnasse, PARIS (VIe)

I

La naissance de la Fédération Nationale Catholique

CHAPITRE PREMIER

Le rassemblement

Nous contons une histoire extraordinaire qui s'est déroulée sous nos yeux, sans que ce temps prosaïque l'ait toujours bien comprise.

Cinq ans avaient passé depuis la signature de la paix. Il semblait que les catholiques de France étaient retombés dans cette passivité somnolente, qui leur coûta si cher de 1875 à 1910. Rien, parmi eux, qui put déceler les indices d'un esprit nouveau. Des yeux exercés pouvaient observer çà et là quelques symptômes d'un redressement, mais sans qu'il leur fût possible de rien prévoir qui eût quelque consistance. Sans doute le vieil anticléricalisme était mort, le prêtre ne rencontrait plus cette hostilité violente du peuple français, dont l'extrême virulence marque les années 1830 à 1850 et non, comme on le croit souvent, la période entre les deux guerres. Mais il y avait, en apparence, plus d'indifférence que de sympathie nouvelle pour l'Eglise, et les catholiques français, eux-mêmes, manifestaient en général plus d'intérêt aux théories politiques qui réforment les gouvernements qu'aux voies d'apostolat qui ouvrent les âmes. Ainsi avait-on couvert d'espoirs la législature dite du Bloc national, sans s'étonner outre mesure d'ailleurs qu'elle n'ait pas donné les fruits qu'on en attendait. Comme il arrive après toutes les grandes épreuves nationales, on reprenait souffle et on se laissait vivre, sur une victoire trop chèrement acquise et qui nous avait peu laissé. L'unique changement nettement observable consistait en un redressement, très mesuré, de la confiance que le peuple français reprenait en soi-même, sursaut d'âmes qu'un Etat vigilant, bon manœuvrier de l'opinion publique, eût mis à profit, pour le grand bien de tous.

Les ennemis de l'Eglise, qui comptent par poids et mesure, étaient de leur côté hors d'état de faire le point. Peu nombreux, mais installés autour du pouvoir, ayant une profonde expérience de la machine parlementaire et du maniement des administrations, ils avaient dû céder et reculer devant l'esprit de la victoire, bien décidés à rétablir leur situation, mais incapables d'estimer ce qui tenait la France : le prix du sang versé, de tant de sacrifices non voulus, mais chrétiennement acceptés, et soulevés comme l'appel de tout un peuple, jusqu'au trône de la Miséricorde divine.

Les voies de Dieu sont mystérieuses. Elles

nous menaient à une nouvelle épreuve, à ces élections de 1924, où, une fois de plus, l'esprit politique du Français, toujours assez faible, fléchit gravement. Tous l'ont payé, douloureusement, de leurs deniers et de leurs misères, ap ès avoir été conduits au seuil d'une ruine nationale.

La Chambre du « Bloc national », accablée de plus d'espérances qu'une législature n'en peut donner, manquant d'unité, incapable d'accepter un chef et de le suivre, avait déçu. Il n'en pouvait être autrement. C'est ce que les partis de gauche avaient prévu, non sans préparer la succession. Pendant près de deux ans, une habile propagande, organisée par le Grand Orient, dans son Convent de 1922, avait su profiter de toutes les fautes et plus encore des déceptions. La suite est connue.

Ce fut d'abord un vent de folie parmi les clans de gauche, fédérés et vainqueurs, une ruée vers « toutes les places ». Les têtes légères, que le succès avait grisées, perdirent toute mesure. Le président de la République chassé, M. Edouard Herriot s'installait au pouvoir. C'était l'instrument, un Waldeck-Rousseau qui annonçait un nouveau Combes, mais avec l'expérience et l'habileté en moins : tout l'opposé d'un homme de gouvernement. Universitaire, lettré, mais dénué de toute vision claire des réalités françaises, de toute prudence politique. Il débuta par une faute retentissante doublée d'une hypocrisie. On se rappelle les termes de sa déclaration ministérielle :

Le gouvernement n'aura qu'un but : donner à ce pays, dans le travail et par le progrès, la paix qu'il a si noblement méritée. La paix morale, tout d'abord. *Si nous sommes décidés à ne pas maintenir une ambassade près le Vatican et à appliquer la loi sur les congrégations, ce n'est en aucune façon dans une pensée de persécution et d'intolérance...*

Le gouvernement est persuadé qu'il interprétera fidèlement le vœu des chères populations enfin rendues à la France, en hâtant la venue du jour où seront effacées les dernières différences de législation entre les départements recouvrés et l'ensemble du territoire de la République.

Comment voiler la bassesse de ce langage ? On couvrait d'une volonté de paix morale, le dessein de remettre le pays au régime de la guerre religieuse ; on avertissait puérilement les religieux rentrés en France pour combattre, blessés et mutilés souvent, qu'ils n'avaient plus qu'à reprendre le chemin de l'exil ; on piétinait les promesses solennelles et réitérées, faites aux Alsaciens et aux Lorrains, en affirmant qu'on interprétait fidèlement leur désir... Nous rappelons ici, sans doute, une des plus grossières erreurs qu'un gouvernement français ait commises à travers les siècles, en matière de politique intérieure. M. Herriot avait donné sa mesure ; par sa politique financière, il allait la renouveler.

On n'a pas oublié l'attitude des Alsaciens et des Lorrains, sous l'affront qui les frappait directement. Ils ne se méprirent pas, comprenant bien qu'ils étaient les premiers visés, eux qui, pour la maçonnerie et ses créatures, sont en France comme un perpétuel démenti au « laïcisme ». On voulait supprimer ces lois de

justice, dont les provinces recouvrées bénéfi
ciaient encore, que les Allemands avaient
respectées chez elles, mais qui suggéraient aux
Français de tristes comparaisons. Les Alsa
ciens et les Lorrains dirent : non ! comme ils
savent le faire. Et ce non, qu'ils n'ont cessé
de maintenir, fut un signal.

Un autre refus aussi net fit écho au premier,
celui des religieux anciens combattants qui,
par l'organe du R. P. Doncœur, déclarèrent
froidement, approuvés de tous leurs frères
d'armes : « Nous ne partirons pas ! »

L'opinion publique, un peu surprise, hési-
tait, ne comprenant plus. Mais les catholiques
Français de tristes comparaisons. Les Alsa-
inattendu. En quelques semaines, de proche
en proche, ils réagirent partout. Mieux : ils
s'assemblèrent, dans quelques diocèses, non
seulement pour faire entendre de massives
protestations, mais avec la volonté de demeu-
rer groupés. Devant la menace d'une nouvelle
persécution religieuse, qui apparaissait au
pays tout entier comme un anachronisme
invraisemblable, les catholiques sentaient enfin
quelle faiblesse c'était pour eux que la dispersion. De là ces tentatives de groupements,
hâtivement rassemblés, sporadiques encore,
mais qui préparaient la voie à une organisation totale et absolument nécessaire.

Car, si au cours de ces mois de juillet et
août 1924, l'offensive maçonnique était sus-
pendue, le danger n'était pas écarté. La réaction catholique risquait de s'épuiser en efforts
divergents et contraires, comme elle le fit si
souvent, dans le passé. Elle eût pu s'annuler
même, s'il ne s'était trouvé un homme pour

juger la situation, rassembler tant de bonnes volontés éparses, voir grand et indiquer la route à suivre. Il portait hautement et simplement un de ces noms qu'on retrouve à toutes les pages de l'histoire de France et qui commandent le respect. On l'avait vu à l'œuvre, avant et surtout pendant la guerre. Son nom parlait à tous et il allait montrer qu'il voyait aussi clair dans la paix que devant l'ennemi, sachant prendre ici et là ses initiatives, avec ce goût du risque où il voit une des caractéristiques du chef né.

Ceux-là seuls qui l'ont approché, pendant le second semestre de 1924, savent quelle responsabilité il assuma alors, comprenant nettement comme à son ordinaire où il fallait aller, mais ignorant comment il serait suivi. « Les entreprises ordinaires n'ont que des visées restreintes et particulières auxquelles suffit la prudence qui ordonne toutes choses en vue du bien commun ; mais défendre le salut commun menacé et le défendre de la meilleure manière possible, demande l'habileté d'un discernement spécial qui est celui de la prudence militaire. » Sans le savoir encore, les catholiques français avaient provoqué ce discernement à l'acte.

En août 1924, le général de Castelnau faisait parvenir à tous les Evêques français et à quelques laïques un document capital, qui, sous la signature de A.-G. Michel, établissait l'existence d'une « dictature de la Franc-maçonnerie sur la France ». L'esprit lucide, d'une rare pénétration, qui avait composé ce document, frappé des coïncidences nombreuses qu'il relevait entre les déclarations maçon

niques secrètes et les agissements du Cartel
des gauches et de son agent Herriot, s'était
contenté de recueillir et mettre en ordre des
textes authentiques qu'il présentait dans les
termes suivants :

Les textes maçonniques ici rassemblés forment une
page d'histoire garantie par les références aux sources,
mais dépourvue de commentaires. C'est à dessein qu'on
s'en est tenu à cette collection sans apprêt. La méthode
comportait une sécheresse, elle a paru du moins plus
rigoureuse. Il fallait tirer au jour ces confidences
écrites pour l'ombre, mais il convenait de les laisser
se tordre sur la page blanche, dans l'émoi que leur
cause la lumière.

De fait, la tactique de propagande et de
pénétration, la préparation des élections de
1924, les directives politiques formulées et
imposées, par la maçonnerie, à ses instru
ments, en ce qui concerne l'Etat et ses fonctionnaires, l'école, les congrégations, les relations avec le Saint Siège, l'armée, le rapprochement avec l'Allemagne, la politique sociale
et économique, tout était avoué, par les francs-
maçons eux-mêmes, et M. Herriot prenait
figure d'un pantin dont toutes les ficelles deve-
naient apparentes. La démonstration, saisis
sante, fut pour beaucoup un trait de lumière
L'élite était avertie.

La masse catholique ne chômait pas, multi
pliant ses réunions. Quelques essais de Ligue
de défense religieuse s'ébauchaient dans certains diocèses. La première fut réalisée à
Rodez, dans le Rouergue ; son président s'appelait Castelnau.

Il est superflu de dire avec quelle attention

vigilante l'épiscopat français observait ces événements, non seulement pour s'en réjouir, mais pour y coopérer très activement, jusqu'au moment où la Commission des Cardinaux et Archevêques de France, comprenant que l'heure était venue de réaliser une Union nationale des catholiques français, décida de confier au général de Castelnau cette lourde mission : il était prêt à agir.

Par trois appels, publiés dans l'*Echo de Paris*, le nouveau président d'une Fédération encore inexistante fixe tous les esprits. Le 31 octobre 1924, il écrit :

« Les paroles impies » prononcées par le Président du Conseil dans sa déclaration ministérielle du 17 juin dernier sont actuellement suivies de mesures préparatoires à l'exécution des victimes désignées par la Franc-Maçonnerie.

Des enquêtes sont entreprises dans la plupart des départements pour établir l'identité des Français et des Françaises, coupables d'avoir consacré, en commun, leur existence terrestre au bien moral et matériel de leurs semblables.

Le plan d'action dressé par la secte maçonnique est scrupuleusement poursuivi par le gouvernement.

Il suffit, pour s'en convaincre, de rapprocher les ordres donnés par les ministères intéressés, des documents maçonniques officiels publiés dans une récente et très suggestive brochure : « *La Dictature de la Franc-Maçonnerie sur la France* ».

Le gouvernement supprime l'ambassade du Vatican au moment où il tend la main aux forbans de la Russie, à ces abolitionnistes de la propriété individuelle qui ont provoqué, dans les foyers français, les lamentables ruines que chacun connaît et déplore.

Il se dispose à rejeter sur les routes de l'exil les religieux et les religieuses spontanément accourus au

secours de la Patrie menacée, à l'heure où il rappelle
les lâches déserteurs...

Le gouvernement proclame l'intangibilité des lois
laïques au moment où une simple circulaire ministérielle foule aux pieds la loi sur les associations, au
profit de syndiqués dressés contre l'Etat.

Nos frères d'Alsace et de Lorraine sont menacés du
mortel laïcisme au mépris des serments naguère jurés
à la face du monde, à l'heure angoissante où la fidélité de ces chères provinces à la cause de l'unité française pouvait et devait être d'un si grand poids sur
le sort des batailles et le gain de la guerre. Quelle
lâcheté !...

Voyons ! allons-nous nous borner à psalmodier les
prophéties de Jérémie ?

Au lieu de nous lamenter, agissons donc.

Déjà, des Ligues de Défense religieuse surgissent çà
et là, au Nord et au Sud, à l'Est et à l'Ouest de la
France. Mais ces levées partielles, et en quelque sorte
sporadiques, sont exposées à vivre ce que vivent les
roses : l'espace d'un matin...

Si les levées partielles dont j'ai parlé tout à l'heure
sont exposées à la stérilité, c'est qu'elles manquent de
certains éléments essentiels qui conditionnent la puissance effective, la puissance en action :

Le coude à coude, la cohésion, la discipline, l'unité.

Il importe de réaliser au plus tôt ces conditions
dans l'intérêt d'une défense religieuse, sociale et nationale que nous voulons active et redoutable, contre l'ennemi de notre foi et de notre liberté...

Mais, pour que ce programme cesse d'être une série
de formules qu'on fait applaudir dans l'enthousiasme
des Congrès, il est indispensable de suivre le haut
et salutaire exemple donné par nos frères de provinces
recouvrées. La protestation qu'ils ont dressée contre
l'odieux parjure projeté par le gouvernement aurait-
elle eu cette ampleur et cette vigueur, si les catholiques d'Alsace-Lorraine avaient été divisés et inorgani-
sés ?

Les catholiques de France doivent donc s'unir étroitement et s'organiser méthodiquement.

L'organisation méthodique est déjà réalisée dans un certain nombre de régions, tel le Rouergue, où une véritable multitude d'hommes venus à Rodez des quatre points de l'horizon ont récemment et définitivement arrêté les statuts et consacré l'existence de la Ligue des Catholiques Rouergats.

Il serait souhaitable de voir une organisation et une constitution analogues se généraliser au plus tôt dans toute la France.

Mais ce n'est là qu'un premier stade à franchir à bref délai.

Il est ensuite indispensable de créer une *Fédération Nationale* de tous les groupements d'inspiration chrétienne qui, sous des noms divers, Ligue des Catholiques, Union Catholique, Association de la Jeunesse, Union des Hommes chrétiens, etc., etc... existent déjà ou sont en voie de formation, ou encore en germe dans les différents diocèses ou régions.

A la tête de la Fédération, serait un Comité National, émanation des Comités diocésains ou régionaux, dont l'action serait assurée par un Comité exécutif ; il serait composé d'un petit nombre de personnes présentant, au point de vue du dogme et de la morale, les plus sérieuses et incontestables garanties ; il serait responsable et par conséquent libre de ses actions (1).

---

(1) Le Comité national, a pris le nom d'Assemblée générale de la F. N. C., composée des délégués de chaque diocèse — deux par diocèse — réunis à Paris deux fois par an. Le Comité exécutif du Comité directeur comprend, sous la présidence du général de Castelnau, le T. R. P. Janvier, représentant la Commission des Cardinaux et Archevêques de France. M. François Saint-Maur, sénateur de la Loire-Inférieure et M. Groussau, député du Nord, tous deux vice-présidents ; M. Liouville, président de l'*Union sociale des Ingénieurs catholiques*, M. Zirnheld, président de la *Confédération des Travailleurs chrétiens*, le président de l'*Association catholique de la Jeunesse française* ; enfin les membres suivants : M. Claudio Janet, trésorier, MM. l'abbé Berger, député de la Gironde, Weydmann, député d'Alsace, Xavier Vallat, député de l'Ardèche, Guibal, Reverdy et Cateaux.

Les catholiques ne se firent pas attendre. Le général de Castelnau avait dû s'installer, faute de mieux, dans un bureau de la maison des Œuvres diocésaines, rue des Saints-Pères. En quelques jours, l'afflux y devint tel qu'il dut recevoir dix et quinze personnes à la fois, s'adressant à toutes pour leur exposer ce qu'il convenait de faire. Le courrier n'était pas moindre, auquel on répondait tant bien que mal. Le 16 novembre, le Président de la nouvelle organisation pouvait ainsi écrire :

Parmi les groupements diocésains déjà existants, trente et un, à l'heure actuelle, ont, sans retard, adressé leur adhésion ; d'autres en formation ont dès à présent manifesté leur volonté de s'unir à nous. Le secrétariat général enregistre l'assentiment formel d'importantes et vastes associations nationales qui, par leurs ramifications articulées en profondeur sur l'ensemble du territoire, constituent déjà une force catholique cohérente, souple, disciplinée, prête à s'employer.

Enfin, nous recevons quotidiennement, par écrit ou verbalement, de multiples déclarations et souscriptions individuelles qui, impatientes de manifester aide et sympathie, n'attendent point, pour s'affirmer, la constitution régulière des groupements locaux. Que ces ouvriers de la première heure, dont l'appui moral et le soutien matériel nous ont été et nous sont encore si précieux, reçoivent ici l'expression de notre bien vive et profonde gratitude, en attendant l'heure où il nous sera permis de leur dire plus complètement notre infinie reconnaissance.

Trente-et-un groupements diocésains étaient donc rassemblés le 16 novembre 1924 : en janvier 1925, on en comptait 82. Et d'octobre à janvier, 392 Assemblées publiques avaient été réunies dans les grands centres, préparées par d'innombrables réunions paroissiales. Les plus importantes des Assemblées avaient groupé 18.000 hommes à la Roche-sur-Yon, autant à Pau et 21.000 à Bayonne, le 5 octobre ; 7.000 à Rodez le 26 ; 12.000 à Montpellier ; 10.000 à Montauban et autant à Cholet ; 12.000 à La Rochefoucault en novembre ; 20.000 à Quimper, 50.000 au Folgoët, 12.000 à Bordeaux, en décembre ; 12.000 à Nancy, 14.000 à Flers, 10.000 à Nîmes, 30.000 à Saint-Brieuc, en janvier.

Une à une les Unions diocésaines se constituaient, provoquant les Assemblées populaires et les utilisant pour s'affermir. De janvier 1925 à septembre 1926, elles mobilisèrent, dans la France entière, 1.832.000 hommes. C'est devenu une habitude de les décrier chez certains qui oublient un peu vite que des hommes, par centaines de mille, s'imposèrent pour y assister, un ou deux jours de voyage, deux ou trois jours d'absence, manifestant ainsi une résolution que les années suivantes n'ont pas démentie.

C'est alors qu'on a vu le général de Castelnau parcourir le pays du nord au sud, de l'est à l'ouest, prodiguer ses encouragemnts à tous, infatigable pour hâter cette nouvelle levée en masse, qui manifestait au monde entier, surpris une fois de plus, que, de la fille aînée de l'Eglise, il ne faut jamais désespérer. Autour du président de la F. N. C., le secondant dans sa lourde tâche, les présidents et les membres des Comités diocésains, étendaient peu à peu la trame d'une organisation sur chaque évêché, encouragés, soutenus, conseillés par l'épiscopat français tout entier.

❧

Certains esprits ont vu sans comprendre. Depuis 1925, nous les entendons toujours reprendre le même refrain : « Beau feu de paille, disent-ils, qui va passer. Fumée et vent de paroles ! Toutes ces assemblées, immenses il est vrai, se sont entendu dire, par des orateurs sans mesure, qu'elles allaient tout emporter, bientôt. Qu'en reste-t-il ? On a acclamé des résolutions triomphantes, on a chanté le Credo, puis tous sont retournés au traintrain de leurs occupations quotidiennes. Et maintenant ? »

On eut pu remarquer que la cause de ces hommes réunis aux quatre coins de l'horizon, pour si peu de choses ! était la cause même de l'Eglise de France, qu'elle seule au vrai avait pu et pouvait encore remuer de telles foules, car en tous lieux l'Evêque avait donné le signal à son peuple. Un peu de réflexion eut montré que ce n'était pas rien que d'assembler tant de catholiques, jusque là passifs et un peu découragés, de leur donner la conscience de leur force, le sentiment de leur juste cause, l'espoir d'un temps meilleur et la certitude que, moyennant un effort tenace, ils imposeraient qu'on tînt compte d'une multitude, dont la dispersion était l'unique faiblesse.

Mais, par ce dénigrement systématique, on fermait les yeux sur des réalités plus importantes encore.

On était bien assuré jusqu'en 1924, que la presse constituait la grande force capable de mouvoir les peuples. On gémissait sur l'indifférence ou l'hostilité des journaux français.

Mais a-t-on pris garde au tour de force qu'ont réalisé alors les catholiques ? La presse, grande et petite, devant laquelle on tremblait, a été soigneusement muselée — elle l'est encore ! — Seuls les organes spécifiquement catholiques, les moins nombreux, puisque nous nous sommes laissé prendre la plupart des autres, ont appuyé un mouvement vainqueur. Et rien n'en a été empêché. La grande croisade a été suscitée par les moyens dont on disposait et qui n'étaient pas ceux-là qu'une légende déclarait indispensables et seuls efficaces. Des évêchés aux doyennés, des doyennés aux paroisses, d'incessants échanges furent rétablis et il faut dire que, dans tous les diocèses où le clergé seconda activement l'organisation nouvelle, le réseau de la hiérarchie ecclésiastique fut, d'un coup, réinstallé dans la vie sociale du pays, comme il ne l'était plus depuis un siècle. On ne compte plus les villes de France qui reconnurent, surprises, leur Evêque marchant à la tête d'un peuple innombrable, entouré de son clergé, rappelant à tous que son sacerdoce n'avait rien perdu de sa fécondité.

Interdit, stupéfait, mais désarmé, l'Etat livré au Cartel des gauches, l'Etat redevenu hostile, a vu se lever ainsi une force d'opinion avec laquelle on ne comptait plus. Et il a reculé.

Avons-nous prêté attention au désarroi de terreur qui passa dans les Loges maçonniques ? On n'y avait rien vu venir. On s'attendait si peu à ce retournement de la situation qu'on avait tout prévu, au Parlement, dans les ligues et les partis, dans la presse,

pour une persécution nouvelle qu'on espérait
enfin décisive. Au delà des mesures annon-
cées par Herriot, il y avait l'école unique,
l'enterrement définitif de l'enseignement
catholique, et, avec une nouvelle expulsion des
congrégations, la fin de l'Eglise de France. Et
voici qu'au lendemain d'élections triomphales,
après lesquelles il semblait que plus rien ne
viendrait faire obstacle, on voyait surgir —
mais d'où venaient-ils ? — des contingents
catholiques, mobilisés comme tels, insouciants
de tout respect humain et déterminés à la
résistance. De tous côtés, les rapports des
préfets affluaient, signalant l'importance du
mouvement nouveau, beaucoup conseillaient
une grande prudence. Les stratèges maçonniques, dans leurs caves, discutaient de la meilleur tactique ; les uns voulaient une répres-
sion sans merci, dut le sang couler encore, les
autres mieux avisés conseillaient la prudence.
Les pessimistes soupçonnaient le général de
Castelnau de méditer un coup d'Etat. On tâtait
les chefs socialistes, on questionnait les communistes, on rêvait d'une nouvelle grève générale pour faire diversion. Mais un autre
élément allait intervenir par l'extravagance
du même Herriot, sous la forme d'une politique financière qui demeurera comme un
monument de sottise humaine et qui eût mené
la France à une catastrophe si elle avait été
aggravée d'une persécution religieuse.

Le recul que le temps donne toujours est
sans doute nécessaire pour juger à plein ces
événements. Mais on peut affirmer dès maintenant, sans excès, qu'en 1924 et 1925, les
catholiques ont effectivement contenu un Car-

tel politique insensé et que le général de
Castelnau, avec eux, a évité au pays une aventure ruineuse. Si ce Cartel des partis de gauche a pu maintenir ses tronçons apparemment
unis, jusqu'en 1926, où son impuissance totale
dut céder la place à M. Poincaré, en fait, dès
l'été 1925, il avait perdu la partie, brisé par
la résistance catholique (1).

Aussi bien, un chef lucide veillait aux des-
tins de l'organisation nouvelle, attentif à la
consolider, à affermir le jeu de ses articulations, à l'installer en un mot, comme une entreprise de longue durée, qui devrait fournir un
long et patient effort.

Dès le 18 février 1925, les représentants de
80 diocèses sur 85 adhérents se réunissaient à
Paris, en Assemblée générale constitutive de
la F. N. C.

Ces Etats généraux s'ouvrirent par une
messe,   célébrée à Notre-Dame-des-Champs,
par S. E. le Cardinal Dubois, archevêque de
Paris. La Commission des Cardinaux et
Archevêques de France s'était fait représen-
ter par le R. P. Janvier, qui est resté depuis
son délégué permanent à la Fédération Nationale Catholique. Au télégramme d'hommage
que l'Assemblée tout entière envoya au Souve-

____

(1) « Le soulèvement pacifique des catholiques qui a
pris la forme de la Fédération Nationale Catholique a
contribué puissamment à empêcher la réalisation des
desseins de la Franc-Maçonnerie. Si l'on veut mesurer
notre gain, que l'on compare entre elles les deux déclarations ministérielles du 17 juin 1924 et du 21 avril 1925.
On veut des résultats et l'on a raison : eh bien ! les
voilà... » Général DE CASTELNAU, Credo, juin 1926.

rain Pontife, S. S. Pie XI daignait répondre en *souhaitant le meilleur succès au travail de concorde de tous les catholiques de France pour le bien de l'Eglise et de la France.* Sous ces auspices, les représentants des diocèses français allaient fixer le programme de la F. N. C. et arrêter des statuts. Ce programme était d'ailleurs précisé par le général de Castelnau, avec sa netteté coutumière, dans les termes suivants :

Nous n'accepterons plus d'être chez nous des citoyens diminués. Donc nous ne voulons plus de ces lois d'exception qui ne sont dites « intangibles » que parce que très réellement elles sont « indéfendables » et qu'elles s'écrouleront dès lors que nous les secouerons un peu vigoureusement.

Si tous les citoyens ont le droit de s'associer, il faudra donc que les religieux l'obtiennent comme les autres et aux mêmes conditions. Comme les autres, ils auront la faculté d'enseigner.

Si tous les citoyens ont le choix de l'école pour leurs enfants, — et ils le doivent conserver, — il faudra donc que les catholiques n'aient plus à payer double. Dans une mesure équitable, les écoles privées auront à participer aux subventions officielles.

C'est ce que nous réclamons pour l'ensemble du pays.

Nous n'admettons pas, d'ailleurs, qu'on manque aux engagements solennels pris envers nos frères d'Alsace-Lorraine, avec lesquels nous affirmons notre entière solidarité.

Mais revendiquer ainsi nos droits individuels ne saurait suffire. Nous avons à nous rappeler les conditions nécessaires à l'existence collective, car nous voulons que la France vive.

Nous ne cesserons donc pas de suivre une politique franchement familiale. Cette politique se monnaiera en mesures et applications diverses, capables d'assu-

rer aux foyers la stabilité, l'hygiène physique et morale absolument requises. Adversaires déclarés du divorce qui tue la race, nous réclamons au moins, tout de suite, la suppression des facilités scandaleuses qui l'acclimatent et le multiplient.

Nous voulons que l'enfance soit protégée contre l'immoralité provocante; nous voulons que des salaires, dégrèvements, assurances rendent moins lourde la tâche des familles nombreuses; nous voulons qu'il soit fait au groupe familial une place dans la vie publique.

Nous ne pouvons plus tolérer qu'en échange des services rendus, l'Eglise continue à être spoliée, poursuivie. Les associations diocésaines, si elles représentent le statut légal, devront être munies de facultés qui leur manquent encore: faculté de recevoir legs, donations, subventions et aussi, lors de leur fondation, les apports correspondant à leur destination. Faute de quoi, les ressources de l'Eglise de France ne la mettent pas au niveau des devoirs de sa mission et de ses charges.

Enfin, s'il a plu au gouvernement de rompre, pour sa honte et son dommage, dans un but hostile aux catholiques, de rompre, dis-je, avec le Vatican, nous poursuivrons le rétablissement d'une situation diplomatique correcte et normale.

Quel sera donc l'esprit de la Fédération des forces catholiques de France ? Elle ne sera pas un groupement politique et n'aura pas à se prononcer sur la forme du « régime gouvernemental ». Elle ne constitue pas une association qui réclamerait, en tant que telle, sa place sur le terrain électoral et parlementaire.

Elle n'est pas non plus un groupement assimilable aux œuvres proprement religieuses. Ces œuvres ont un objet directement spirituel, qu'elles poursuivent sous la direction exclusive des pasteurs, prêtres et évêques, en vue du perfectionnement surnaturel des âmes. Sur ce terrain, la Fédération Nationale Catholique n'a en aucune manière à intervenir.

Par contre, son terrain est celui de la vie publique, *c'est-à-dire le terrain sur lequel doit s'exercer l'activité des citoyens catholiques, c'est-à-dire, pour mieux préciser encore, comme le dit Pie X, le terrain sur lequel :* Ces troupes choisies de catholiques se proposent précisément de réunir ensemble toutes leurs forces vives dans le but de combattre, par tous les moyens justes et légaux, la civilisation anti-chrétienne... replacer Jésus-Christ dans la famille, dans l'école, dans la société; rétablir le principe de l'autorité humaine comme représentant celle de Dieu; prendre souverainement à cœur les intérêts du peuple, et particulièrement ceux de la classe ouvrière et agricole... s'employer, par conséquent, à rendre les lois publiques conformes à la justice à corriger ou supprimer celles qui ne le sont pas, défendre enfin et soutenir, avec un esprit vraiment catholique, les droits de Dieu en toutes choses et les droits non moins sacrés de l'Eglise.

L'ensemble de toutes ces œuvres, dont les principaux soutiens et promoteurs sont les *laïques catholiques*, constitue précisément ce que l'on a coutume de désigner par un terme spécial et assurément très noble, Action catholique ou Action des catholiques... » *Ainsi s'est exprimé le Saint Pontife Pie X* (1).

Tout était clair ainsi : il s'agissait d'organiser, en France, et de promouvoir *l'Action catholique*, telle que Léon XIII et Pie X l'avaient recommandée, telle que S. S. Pie XI allait la réclamer, l'ordonner partout, avec une ampleur et une profondeur de vues nouvelles.

Au cours de la même Assemblée générale,

____

(1) Ceux qui savent lire et connaissent un peu l'histoire de la F. N. C. — les autres la trouveront dans les pages qui suivent — comprendront, en relisant ces lignes, avec quelle fermeté et quelle continuité l'Action catholique de France a été maintenue dans sa droite ligne depuis cinq ans.

le président de la F. N. C. donnait lecture des directives élaborées par la Commission permanente des Cardinaux et Archevêques de France, qui définissaient les premiers objectifs de l'action fédérale :

La Fédération Nationale Catholique se propose comme but de restaurer l'ordre chrétien dans l'Individu, dans la Famille, dans la Société, dans la Nation.

Pour atteindre ce but, consciente de ses devoirs et décidée à apporter son plein concours à la vie nationale, elle est résolue à revendiquer tous les droits et les libertés catholiques. Considérant que les lois de laïcité sont contraires à ces droits et à ces libertés, qu'elles sont souverainement injustes, que d'ailleurs elles nuisent d'une façon grave aux intérêts temporels de la France, aussi bien à l'intérieur qu'à l'étranger, aussi bien sur le terrain intellectuel et moral que sur le terrain économique et financier, la Fédération les combattra et en réclamera l'abrogation de toutes ses forces et par tous les moyens licites, sans négliger aucun des problèmes qui concernent l'avenir religieux du pays. Son activité s'appliquera à empêcher la réalisation des menaces portées dans la déclaration ministérielle du 17 juin :

Contre l'ambassade du Vatican ;

Contre les droits et les libertés des Congrégations religieuses ;

Contre la liberté de l'enseignement ;

Contre les lois et les libertés de l'Alsace-Lorraine.

Selon l'expression du général de Castelnau, *le Ministère de l'Action catholique,* ses cadres et ses troupes étaient sur pied.

Il est assez facile aujourd'hui à quelques-uns qui moissonnent çà et là dans les champs de l'Action catholique d'admirer la qualité du grain . Les temps sont changés, disent-ils, le ciel devenu clément, tout s'arrange !...

On oublie vite la peine du laboureur, lorsque les beaux jours sont venus. On pense peu
à l'hiver qui vient toujours. Les prévoyants
seuls n'oublient pas qu'après la moisson, il
faut d'autres labours et d'autres semailles et
que les beaux parleurs, assemblés pour compter le grain, sont d'un maigre secours pour
porter la nouvelle semence.

CHAPITRE II

La marche vers l'unité

Il fallait rendre aux hommes catholiques le
sens et le goût de l'action disciplinée. Et donc
écarter la traditionnelle cause de division, qui
naît des partis politiques et des tendances
sociales connexes. S'installer sur le terrain
religieux, dans la pure doctrine catholique,
sans rien céder en deçà, ni au delà, même en
ces matières où les catholiques sont libres de
s'aventurer à leurs risques et périls, pourvu
que les principes et les préceptes soient res-
pectés.

C'est ce que les hommes de groupements
ou de partis n'ont pas toujours très bien compris. Chaque parti, chaque groupement
demeure naturellement enclin à vouloir entraîner toute organisation catholique dans son
sillage. On n'y fait pas toujours l'exacte
distinction entre la pure doctrine et ce qui
se conclut en matière libre, sous le signe de
l'opinion, ou même en esprit de droite prévision, devançant une transformation sociale à
venir, alors que manque encore la préparation
nécessaire.

L'impossibilité d'aboutir, en France, par
la voie des partis politiques s'impose cependant avec une telle évidence, que les partisans
seuls la discutent encore.

On susciterait maintes surprises si on écrivait l'histoire exacte et le plus souvent encore cachée des partis politiques français, si on révélait la vraie faiblesse de leurs effectifs, de leurs ressources matérielles, en même temps que les difficultés inextricables au travers desquelles, tant bien que mal et plus mal que bien, ils parviennent à maintenir une façade, en dehors des périodes électorales qui viennent tous les quatre ans leur imposer une vie fiévreuse et artificielle.

Sans doute cette faiblesse commune et insurmontable correspond-elle à quelque nécessité de la vie politique, en France. Si, régulièrement, les mêmes espoirs sont relevés autour de quelque formation nouvelle, si, régulièrement, la vanité de ces espoirs est manifestée par la résistance invincible des Français à entrer vraiment dans la vie des partis, par leur répugnance profonde à « s'occuper de politique », selon une formule qu'on peut dire nationale, c'est qu'il existe quelque incompatibilité irréductible.

Nous voyons naître fréquemment des partis nouveaux, qu'on dit jeunes, aux beaux jours du début. Nous entendons leurs promoteurs, de quelque tendance qu'ils se réclament, formuler des espoirs illimités, qui ne vont jamais à rien moins qu'à rénover le pays. On réunit dix, quinze ou vingt mille adhérents, on emporte des sièges au Parlement ; si le parti est populaire, comme le socialiste, il atteindra à l'effectif de soixante, quatre-vingt mille, en abritant un bon nombre d'inerties. Il jouera un rôle efficace avant chaque élection, au moment où les Français regardent du côté

des candidats, pour les élire, avec une atten
tion que la presse excite toujours vivement.
Puis tout s'apaise, quelques journaux restent
pour maintenir une vie ralentie, quelques réunions se poursuivent périodiquement pour les
militants, dont le nombre est infime. Le pays
qui travaille n'y donne aucune attention, ses
journaux sont « d'information », sans opinion à peine marqués chacun d'une tendance
générale : *il ne veut pas faire de politique.*

On pourrait relever maintes explications de
ce fait, à commencer par celle qui prendrait
argument de la complexité du territoire et du
peuple français, qui ne peut être ramenée à
l'unité d'un parti.

Mais nous croyons qu'il est une cause plus
profonde dans les tendances mêmes de l'esprit
français. Tout parti impose, à la pensée, une
limitation qui ne va pas sans artifice. L'opinion est son propre domaine. S'il peut s'inspirer de principes généraux, vrais ou faux, ou
d'une doctrine fermement établie, son activité
ne se dépense pas au niveau des principes : il
vit dans le contingent, et c'est devant les diffi
cultés soulevées, sans répit, par la vie nationale, qu'il doit faire son choix, indiquer nettement ses solutions, et les définir au plus près
de la réalité concrète, s'il veut être entendu.
Mais ces solutions qu'on propose à un peuple,
lors même qu'il n'y prend pas garde, doivent
être nettes et tranchées, comme si l'on taillait
en pleine certitude. D'autant plus que les partis concurrents ne reculent pas devant les affirmations les plus hasardeuses, fussent-elles
sans grand fondement, pourvu qu'elles appa-
raissent utiles ou nécessaires. Bref, l'esprit

de parti s'oppose, doit s'opposer à ce qui n'est pas lui, maintenir des séparations que la raison justifie d'autant plus mal que c'est souvent avec les partis les plus voisins qu'il convient de les conserver le plus jalousement, puisqu'ils requièrent la même clientèle.

Une Fédération catholique, qui eût lié son activité, si peu que ce soit, à un parti quelconque, eût rassemblé cent mille adhérents, moins peut-être, et sans aucun profit.

✿

Le Président de la F. N. C. ne pouvait donc céder ni d'un côté, ni de l'autre. En dehors et au-dessus des partis, il ne pouvait, en France surtout, promouvoir une Action catholique qu'en renonçant à proposer aux esprits rien qui ne fût stricte certitude doctrinale, ou conséquence certaine, ou nécessité pratique évidente, en demandant à tous de sacrifier leurs opinions, en matière contingente, aux certitudes dont l'authenticité s'établit à Rome.

Il faut, disait Pie XI, *remettre en vigueur ces enseignements et ces prescriptions (de l'Eglise) ; il faut réveiller dans toutes les âmes cette flamme de la foi et de la charité divine, indispensable pour la pleine observation de ces doctrines et l'observation de ces ordres.*

Telle était bien, telle est encore, sous le contrôle de la Hiérarchie, organiquement assuré d'ailleurs par la décentralisation des Comités diocésains, telle est la fin essentielle de la F. N. C. qui n'a pas à établir une union extérieure pour des fins limitées, pour une aventure électorale par exemple — un demi-siècle d'essai a montré la stérilité de cette tactique — mais l'union profonde et durable des esprits informés de la même vérité, de la même foi, unis par la même charité, membres du même Corps mystique qu'est l'Eglise.

De savoir comment cette ligne droite et lumineuse a été suivie est une autre question. Un fait est acquis : alors que les catholiques se répartissent sur un assez vaste secteur de l'espace politique, alors que les divergences sont notables entre ceux qui se placent le plus à droite et ceux qui sont le plus à gauche, la F. N. C. a pu vivre cinq ans sans qu'aucune difficulté grave, aucun froissement, aucun conflit n'ait surgi ; de quelques milliers, l'effectif est passé à près de trois millions d'hommes sans que la paix et l'harmonie aient cessé de régner. Cela juge une direction, et sa clairvoyance, et sa souplesse, et sa fermeté. Il y aurait quelque légèreté, sinon une grande ingratitude à l'oublier, alors qu'elle commence à donner ses fruits.

Certains contestent, non pas la légitimité, mais la possibilité pratique d'une union par l'unique lien de la doctrine chrétienne. Ils prennent argument de la juste liberté, laissée aux catholiques, de prendre parti en ces questions où l'on peut suivre son opinion, sans contredire la doctrine, ni trahir sa foi ; ils remarquent que la doctrine chrétienne est une doctrine *générale*, qui ne peut fixer tous les détails *pratiques*, au lieu qu'une action commune vit d'applications *précises*, en matière contingente, exigeant des jugements pratiques, qui relèvent eux-mêmes, peu ou prou, de l'opinion et non de la certitude.

La faiblesse de cette thèse apparaît si on remarque où elle conduit : impossibilité, dans l'action, de parvenir à un programme unique, parce que tout programme pratique est discutable et que les opinions, dans une certaine mesure, sont libres. En sorte que des hommes, les catholiques, qui sont *unis* par un corps inébranlable de vérités, révélées de Dieu, hors desquelles les sociétés ne peuvent trouver la vraie paix, ni la concorde, ni une prospérité durable, ne pourraient aller au delà d'une union théorique, divisés justement, dans la pratique, dans l'action, par ces opinions, des manières de voir propres, des tendances particulières, qui ne sauraient être sacrifiées ni au bien commun de la société, ni à l'intérêt de l'Eglise elle-même, hormis le cas de danger pressant ou de crise grave.

On insiste encore, on fait observer que la diversité des écoles catholiques, leurs divergences sont utiles au progrès commun, et que ce serait un déficit grave que de les ramener à une uniformité étouffante et peu propice à l'émulation, ce qui est parfaitement exact, mais à côté de la véritable question.

Car l'Action catholique ne supprime rien, n'étouffe rien, bien au contraire : action universelle et concordante de tous les catholiques, elle profite « des fruits que les associations religieuses ou économiques peuvent donner », en même temps qu'elle apporte, à ces associations, son appui et assure leur progrès, « car entre toutes, elle maintient une

bienveillance réciproque et garantit la cordialité de leurs rapports ; elle encourage une
mutuelle collaboration au grand avantage de
l'Eglise et de la société humaine... » (1).

L'Action catholique est ainsi un tout, devant
lequel les associations diverses ont le rang de
parties, bien qu'elles conservent leur autonomie et leur activité propre. Pour toutes ces
associations, pour tous ces groupes, l'Action
catholique constitue un bien commun, dont
l'élément capital, le plus haut et le plus riche,
consiste dans le maintien de la concorde et de
la paix, grâce à cette unification immanente
des volontés que la charité seule peut assurer
complètement, et qui rend l'activité générale
merveilleusement efficace et pénétrante. Cette
unification ne va pas jusqu'à courber toutes
les volontés, *toujours*, aux mêmes fins parti
culières, mais à les ordonner à la même action
pratique, *chaque fois que le bien commun est
en jeu*, c'est-à-dire chaque fois que la désunion ou les simples divergences, maintenues,
entraîneraient un appauvrissement du tout et
de chaque partie.

Or, dans l'organisation générale des catholiques, le bien commun, c'est le bien de l'Action catholique, celui de l'Eglise de France,
inséré en quelque manière dans le bien de la
société civile, qui ne peut être restaurée que
par là. Tout groupe, tout parti, toute école,
sociale ou autre, qui cherche à faire prévaloir
ses jugements pratiques ou ses opinions au
détriment des autres *et en telle manière que
la concorde et la paix en souffrent*, affaiblit

____

(1) Pie XI, lettre *Quae nobis*.

non seulement le tout, mais soi-même plus encore, par répercussion. Toute école, tout parti, au contraire, qui fait au bien de l'ensemble les justes sacrifices qu'il requiert, qui renonce, momentanément, et d'ailleurs toujours partiellement, à ses fins propres, pour concourir au bien général, retrouve par l'enrichissement particulier qui lui en revient inévitablement une large compensation à son renoncement.

Divisés politiquement, les catholiques français n'ont jamais trouvé, dans les élections, que duperie et persécution. Le sacrifice des opinions au bien de l'Action catholique leur a permis, en 1928, de réinstaller une influence au Parlement. Mais la situation des partis catholiques ou composés d'une majorité de catholiques serait actuellement prépondérante, s'ils avaient gardé un contact étroit avec l'organisation générale, s'ils avaient accepté que ce lien fût maintenu entre eux, dût leur activité propre en être parfois entravée quelque peu. Tous y auraient trouvé une source d'influence et de force : au régime de l'individualisme, qui agite les partis comme les hommes, ils se sont divisés et affaiblis.

De même encore, les écoles sociales, les préjugés sociaux n'eussent engendré que faiblesse et confusion, lorsqu'il s'est agi d'organiser les assurances sociales à travers le pays. Ce qui a été réalisé n'est venu qu'en raison de la discipline communément acceptée et de l'unité d'action, qui, décuplant l'efficacité des efforts, entraînait l'organisation tout entière et, avec elle, tous les groupes particuliers. On le verra bien, en contre-épreuve, par la perte d'influence des groupes qui, çà et là, n'ont suivi qu'avec réticence au lieu de se dépenser au premier rang. Dans l'Action catholique, comme dans la guerre, le mot fameux du Général de Castelnau reste vrai : On ne se sauve qu'en avant.

Allons plus loin encore. Une Union générale des catholiques, indissolublement liée à la Hiérarchie, ne peut agir sans participer largement à la vie du corps mystique qu'est l'Eglise, sans être pénétrée des influx de grâce divine, des correspondances et compensations mystérieuses qui s'y font et retentissent sur chaque partie, dans la mesure où la charité règne sur le tout. Nous sommes loin ici du jeu des opinions, des libertés qui leur reviennent ; nous sommes au niveau où la discipline et l'obéissance, légitimement requises, comportent un mérite et un profit, pour les individus comme pour les groupes. Précisément même, nous sommes au niveau où se prennent les décisions, ces jugemnets pratiques qu'on redoute de voir imposer à tous. Mais regardons les réalités.

L'autorité qui préside aux destinées de la Fédération ne peut pas, sans disparaître, ne pas avoir la confiance du Souverain Pontife et de l'épiscopat français. L'organisme qui prend les grandes décisions est l'Assemblée générale des délégués diocésains, délégués mandatés par les évêques, en contact permanent avec eux, souvent assistés du Directeur des œuvres. Une décision générale, un jugement pratique qui fixe un plan d'action quelconque ne relève donc pas de la simple opi-

nion , il participe directement à la prudence
même de l'Eglise, à l'indéfectibilité pratique
normalement assurée à ses jugements, à des
jugements éclairés en fait d'une prudence surnaturelle, épiscopale, nous pourrions même
dire multi-épiscopale.

CHAPITRE III

L'assentiment du Père Commun

Il est inutile de dire ici avec quelle attention
le Souverain Pontife suivait les faits et gestes
des catholiques français. Dès le 18 décembre
1924, au cours de l'allocution consistoriale, Il
s'était réjoui de l'activité nouvelle qui s'observait dans la France catholique. Mais en
novembre 1925, il daignait envoyer au Général de Castelnau une approbation et des encouragements nouveaux par la lettre suivante :

« Monsieur le Général,

« Le Saint-Père — qui, dans l'Encyclique
« Maximam Gravissimamque » du 18 janvier
1924, avait déjà expréssément condamné les
lois laïques et, dans l'allocution consistoriale
du 18 décembre 1924, avait salué, approuvé et
encouragé, dans les termes les plus explicites,
le mouvement qui venait de se déterminer
parmi les catholiques français pour la défense
des intérêts religieux, comme il l'a de nouveau
fait, ensuite, en plus d'un sermon public — a
daigné prendre connaissance du rapport que,
comme Chef de la Fédération Nationale
Catholique, vous avez cru devoir adresser à
Son Auguste Personne, pour mettre sous ses
yeux le bilan de la première année d'existence
de ce groupement.

« Sa Sainteté éprouve une vive complai-
sance à constater les beaux succès qui ont
déjà couronné les efforts de la Fédération

Nationale Catholique *depuis si peu de temps
qu'elle a été fondée.*

« *Elle a confiance que, de plus en plus, les
membres zélés qui la composent auront à cœur
de suivre fidèlement* les directives *qu'après
ses Vénérables Prédécesseurs, Elle a elle
même fixées à l'action catholique, qui doit ten-
dre à grouper les fidèles pour travailler, sous
l'autorité de leurs pasteurs, à former les
consciences et à renouveler l'esprit chrétien
dans la société, en dehors et au-dessus de tout
parti politique.*

« *Le Saint-Père n'ignore pas les nombreuses difficultés qui s'opposent à ce programme,
mais il espère que, sous votre direction éclai-
rée, toujours fidèles au zèle de la première
heure, et de plus en plus unis et disciplinés,
les catholiques français — tout en se gardant
de ce qui pourrait amoindrir et la clarté et
l'efficacité de l'action — assureront à leur
Fédération Nationale des succès encore plus
nombreux et plus féconds que ceux dont elle
peut déjà s'enorgueillir.*

« *C'est dans cet espoir que le Saint-Père,
vous félicitant de la part personnelle, généreuse et si dévouée, que vous avez prise à
l'organisation et au fonctionnement de la
Fédération Nationale Catholique, daigne vous
accorder à vous, Monsieur le Général, à tous
vos collaborateurs et à tous les adhérents à
la Fédération Nationale Catholique, la béné-
diction apostolique.*

« *Veuillez agréer la nouvelle assurance de
mon entier dévouement en N.-S.* »

Cardinal GASPARRI.

Enfin, dans son allocution consistoriale du 14 décembre 1925, S. S. Pie XI, faisant encore allusion à la Fédération Nationale Catholique, disait :

« ... *Il est de toute nécessité que cette armée, qui tire son nom de l'action catholique elle-même, toujours animée d'un courage plus tenace, d'une unité plus parfaite, croissant en nombre chaque jour, et conduite par des chefs d'une haute sagesse, s'élance avec courage, à la lutte pour ses autels, ses foyers, et pour la patrie elle-même.* »

II

1924-1929
Le bilan de cinq années

> Il importe par-dessus tout que
> les catholiques observent entre
> eux une concorde exemplaire ;
> et par ailleurs, on ne l'obtiendra
> jamais s'il n'y a en tous unité
> de vues.
>
> Pie X.

Il y a partout des esprits pointilleux et difficiles. Les satisfaire n'est pas inutile, c'est un moyen d'éviter le laisser-aller. Souvent, aujourd'hui encore, on les entend dire : Cette Fédération, qu'a-t-elle fait ?

Sans doute, ils n'ont jamais cherché à le savoir. Pour eux, toutefois, nous donnerons un mot d'explication préalable.

Les campagnes de la F. N. C. vont nécessairement d'un été à l'autre. En 1924-1925, l'organisation s'est efforcée à naître. Nous avons dit comment ; on conviendra que sa gestation a été courte, puisqu'elle comportait non seulement le rassemblement des catholiques, mais l'ébauche des groupes et articulations nécessaires, c'est-à-dire la formation d'Unions paroissiales avec leurs cadres, la création de centres ou d'Unions cantonales, organes de liaison entre la paroisse et le diocèse, la constitution enfin de Comités diocésains, chargés de promouvoir et ordonner l'Action catholique dans le diocèse.

Ensuite, il fallut parfaire cet ensemble très souple, profondément décentralisé, qui laisse à chaque Comité diocésain le soin de prendre toutes les initiatives opportunes, d'adapter les décisions générales aux conditions locales.

On entend bien que tout cela n'est pas venu tout seul ; les lignes suivantes du Général de Castelnau en sont un témoignage ;

> Y a-t-il dans chaque diocèse :
> des cellules paroissiales régulièrement et largement établies en tous lieux, parfaitement coordonnées ?
> des comités actifs, articulations souples et vivantes, capables de transmettre mots d'ordre, consignes et propagande ?
> une circulation active et méthodique ?
> un cerveau moteur parfaitement informé, apte à provoquer l'action ?
> Beaucoup de présidents ou de secrétaires d'unions diocésaines sont venus nous dire les difficultés de tous genres qu'ils rencontraient, soit pour créer, jusque dans les paroisses les plus reculées, des unions paroissiales ou cantonales, soit pour obtenir la liaison nécessaire, les renseignements demandés, les réponses aux enquêtes, les statistiques précises, les exécutions rapides des consignes reçues. On ajourne les réponses, on ne répond pas, on discute, on répond à côté, d'une manière insuffisante. D'autre part, des unions paroissiales se plaignent de ne pas recevoir toujours des indications précises, d'être privées de renseignements, de documentation.
> Rien ne leur viendrait, paraît-il, du Comité diocésain, et elles ne savent où demander aide et lumière.
> Il semblerait donc qu'en beaucoup de régions, l'organisation coordonnée, méthodique et vivante, a besoin de s'établir, de progresser. Sans elle, il est illusoire de demander des mots d'ordre et des consignes. Rien ne sera exécuté.
> Donc, organisation dans chaque diocèse d'abord,

et organisation vivante entre les diocèses et le siège central de la Fédération Nationale Catholique.

Dès qu'elle existera partout, la convergence et la concentration des forces catholiques s'opérant par elle, les résultats pourront être féconds et puissants (1).

Il fallait remonter la pente de mauvaises et vieilles habitudes, pour restituer à tous le sens de l'action coordonnée. Il était nécessaire en outre de remettre en circulation maintes vérités endormies ou oubliées, concernant la famille ou les ordres religieux, les lois laïques ou les droits des parents, en matière d'éducation et d'enseignement, ou de rappeler précisément les erreurs condamnées, tout ce que la voix des prêtres trop peu nombreux ne suffit plus à faire entendre partout où il est nécessaire.

On peut dire que les années 1925-1926 et 1926-1927 furent ainsi deux années d'organisation et de propagande. Les fruits sont venus ensuite.

----

(1) *Credo*, novembre 1925.

CHAPITRE PREMIER

Période d'organisation
et de propagande : 1925-1927

a) *L'organisation*

On ne conduit pas l'Action catholique à Lille comme à Pau, à Grenoble ou à Nancy comme à Rennes ; le Président de la F. N. C. prit soin d'en avertir nettement :

Les catholiques, qui se sont comptés, commencent à compter aux yeux du Gouvernement.

Dans nos mœurs politiques, on fait moins état du droit que de la force qui l'affirme. Ce n'est pas à l'honneur de notre temps, mais c'est ainsi. Eh bien, nous voulons être forts et nous le serons.

Les forces sont faites pour agir ! nous agirons.

Les circonstances détermineront, dans les mois qui vont venir, la forme à donner à l'action d'ensemble de la Fédération.

Mais il y a d'autres actions particulières pour lesquelles une grande initiative doit être laissée aux *Unions*.

Qu'elles n'attendent pas du Comité exécutif qu'il leur détaille les manœuvres des cadres inférieurs, qu'il leur dicte leur plan d'action locale, qu'il dresse le programme détaillé de leurs Cercles d'Etudes.

Il y a dans chaque union des chefs responsables, comme il y a des compétences : à elles de prendre, pour la part qui leur revient et qui est grande, toute espèce d'initiatives.

Le programme de la Fédération est connu : « Restaurer l'ordre chrétien dans l'Individu, dans la Famille, dans la Société, dans la Nation ». Le Bulletin de la F. N. C. détaille et détaillera ce programme.

Qu'on n'attende pas non plus que nous imposions un horaire minutieux aux Sections, à l'exemple de ce ministre de l'Instruction publique qui rêvait, par esprit d'unification, de faire expliquer, le même jour, à la même heure, dans toutes les écoles de France, la même fable de La Fontaine ou la même règle d'arithmétique.

Nous croirions manquer à notre devoir en bridant ainsi les justes initiatives (1).

De là vint que, dans les cadres fixés par la Hiérarchie ecclésiastique elle-même, les Unions diocésaines s'organisèrent librement selon les nécessités et particularités locales, où chaque Comité pouvait dépenser son zèle et son ingéniosité. Dans les diocèses où la foi s'est conservée, l'action commune prenait d'emblée la forme de l'Action catholique, telle que la recommande le Souverain Pontife, non pas d'ordre temporel, mais spirituel, ni d'ordre terrestre, mais divin, ni d'ordre politique, mais religieux (2). Ailleurs il apparaissait nécessaire de laisser à l'action une forme plus nettement civique, celle de citoyens catholiques, agissant comme tels, publiquement. Il convenait encore d'adapter la propagande ici, aux milieux ruraux, et là, aux conditions de la vie urbaine, sans oublier que les grandes villes posent un problème particulier et difficile. Ici et là, partout, comme jadis, les Évêques de France furent les animateurs véritables de leur peuple, suscitant, encourageant, prodiguant leurs prières et leurs conseils.

Nous ne saurions donner ici le tableau complet, fastidieux pour plus de quatre-vingts

____

(1) Credo, septembre 1925.
(2) Lettre Quae nobis, au cardinal Bertram.

diocèses, des procédés employés, non seulement pour constituer les Unions paroissiales, cellules de base, mais pour assurer la liaison entre elles. Tout a été employé : les tournées de cyclistes, de motocyclistes ou d'automobiles, le rayonnement d'équipes de conférenciers se répartissant le diocèse entre eux ; ailleurs, ce sont les membres du Comité diocésain eux-mêmes qui s'engagent à parcourir chaque année les paroisses d'un secteur : on a recouru aux réunions de cadres, aux Congrès cantonaux ou d'arrondissement, comportant une ou deux journées de travail, qui doublent fréquemment et utilement l'Assemblée générale annuelle ou bisannuelle de tous.

Généralement la formation des Unions diocésaines fut rapide. En octobre 1925, la Ligue des catholiques du Rouergue, première née, compte 24.370 ligueurs et 575 unions paroissiales sur 582 paroisses. En mars 1926, la Ligue dauphinoise d'Action catholique a 11.000 adhérents, la Ligue de défense religieuse de Marseille, 10.000. la Ligue des catholiques de Bordeaux, 13.000 ; en août, 1926, l'Union catholique de la Manche compte compte 38.000 adhérents et 583 unions sur 593 paroisses.

A la fin de l'été 1927, on avait atteint des résultats de l'ordre suivant :

Amiens .... 20.000 adhérents
(851 Unions paroissiales sur 890 par.).
Beauvais .... 18.000 —
162 Unions paroissiales sur 200 par.).
Besançon .... 29.000 —
Clermont-Ferrand .... 17.000 —
(350 Unions paroissiales sur 450 par.).
Lille .... 87.200 —

Luçon .... 28.000 —
Nancy .... 53.400 —
  (Toutes les paroisses organisées).
Poitiers .... 36.000 —
Le Puy .... 18.000 —
Quimper .... 87.500 —
  (810 Unions paroissiales sur 816 par.).
Rennes .... 39.000 —
  (Toutes les paroisses organisées).
Saint-Brieuc .... 49.000 —
  (Toutes les paroisses organisées).
Strasbourg .... 50.000 —
  (592 Unions paroissiales sur 715 par.).
Vannes .... 31.800 —
  (Toutes les paroisses organisées).
Verdun .... 16.500 —
  (450 Unions paroissiales sur 475 par.).

Ces chiffres permettent d'estimer l'effort
accompli. Ajoutons que ces Unions diocésaines réunissaient 100.000 hommes à Lander-
neau, en mars 1926 ; 80.000 à Nancy, le 5 avril ;
18.000 à Alençon, le 18 ; 26.000 à Cambrai,
20.000 à Vienne, 12.000 à Versailles, le 25 ;
20.000 à Caen et 10.000 à Beaune, le 9 mai ;
75.000 à Marcq, 15.000 à Clermont-Ferrand,
12.000 à Lons-le-Saulnier, le 30 mai ; 13.000
à Yvetot, le 22 juin ; 25.000 à Saintes, le 27 ;
25.000 à Vichy et 15.000 à Coutances, le
18 juillet ; 12.000 à Chambéry et 12.000 à Car-
cassonne, le 25 ; 20.0000 hommes à Orthez, le
1er août ; 20.000 à La Louvesc, le 22 ; 20.000
à Boen, le 29 ; 40.000 à Pont-Château, le
5 septembre ; et nous ne citons que les réunions les plus importantes. Ajoutons encore
qu'aux Assemblées générales des délégués diocésains, à Paris, 75 à 80 diocèses sur 86 sont
toujours représentés. Et on comprendra que
les pouvoirs publics aient observé avec une

attention particulière un mouvement qui prenait, dès ses premiers pas, une telle ampleur.

b) *La propagande*

Il ne faut pas croire les esprits chagrins qui ne connaissent que les grandes Assemblées publiques et s'imaginent que, les discours achevés, tous s'endorment. C'est rêver à contre-pied de réalités certaines et facilement observables. En fait, la somme d'activités obscures et tenaces qui s'est dépensée a travers la France, depuis la naissance de la F. N. C., est inestimable : nul n'en possède les éléments d'un bilan complet, qui comporterait, non seulement un tableau du labeur accompli par les Comités diocésains, par leurs Présidents, en valeur d'innombrables dévouements dont le mérite est dans la modestie au moins autant que dans la persévérance. Nous en sommes réduits à les saluer et à regarder encore vers les centres.

Il convenait d'abord que la Fédération constituât ses instruments d'information générale. Ce furent, successivement, le *Credo*, revue mensuelle officielle qui, depuis février 1925, est envoyée régulièrement à toutes les paroisses, à toutes les organisations et notabilités catholiques, au total 385.000 exemplaires expédiés chaque année. Actuellement, le *Credo* est doublé d'un supplément : *Le Bien commun*, réservé à l'étude des problèmes sociaux.

Le *Point de direction* ensuite, tract mensuel à 4 pages, qui débute traditionnellement par un article du Général de Castelnau, destiné aux adhérents eux-mêmes, et atteint un tirage mensuel de 400.000 en y comprenant plusieurs éditions locales, soit 4 millions et demi par an.

La *Correspondance hebdomadaire de la F. N. C.*, envoyée à tous les Comités diocésains, à tous les Présidents cantonaux et à plus de 800 journaux (1).

Ces organes périodiques sont complétés par les brochures multipliées selon l'exigence des événements, envoyées d'office aux Comités diocésains, aux militants, et dont le tirage total annuel, vente comprise, n'est pas inférieur à 70.000 exemplaires (2).

____

(1) La *Correspondance hebdomadaire* vient de prendre un titre nouveau, elle s'appellera désormais : *L'Action catholique de France.*

(2) Voici les titres des principales brochures éditées : A.-G. Michel : La dictature de la F.'.M.'. sur la France ; A. de la Chevasnerie : La ligue des droits de l'homme ; Le communisme peint par lui-même ; A.-G. Michel : La Révolution par le communisme ; R. P. de la Brière : L'école catholique et l'école laïque ; Festugière : L'école laïque et les catholiques ; M° Toussaint : L'École unique ; Jean Guiraud : L'École unique ; A.-G. Michel : L'École unique ; R. P. de la Brière : Morale religieuse et morale laïque ; Georges Tessier : Les lois laïques ; Les lois laïques et la famille française ; A.-G. Michel : Le socialisme et la famille ; R. P. Duchamp : Les congrégations et le droit d'enseigner ; R. du Ponceau : La liberté d'enseignement à l'étranger ; R. P. Ressières : Union et discipline ; R. P. de la Brière : La F. N. C. après deux années d'existence ; M° Toussaint : La liberté de la rue ; Objectifs 1927-1928 : I. Les lois contre les religieux ; II. Les doctrines révolutionnaires ; III. L'action sociale catholique ; IV. L'éducation de la jeunesse ; M° Toussaint : Pour la lutte contre la pornographie ; M° Toussaint : Petit manuel de législation électorale ; Annuaire de la Presse catholique ; L'Action catholique et les élections municipales : I. Questions cultuelles ; II. Questions scolaires ; III. Questions familiales ; La F. N. C. et les assurances sociales ; La loi sur les assurances sociales et son règlement d'administration publique.

Les tracts et les affiches ensuite dont le nombre ne peut être évalué, en raison de ce fait que les éditions du Siège central sont multipliées par les éditions propres aux diocèses, celles-ci étant parfois répandues dans la France entière, lorsqu'elles sont d'intérêt général.

Aux organes périodiques du Siège, il faut ajouter encore les bulletins et journaux hebdomadaires, créés ou repris par les Comités diocésains, pour leur propagande particulière (1). Souvent aussi, c'est par accord avec un jour-

______

(1) Sans prétendre à être complet, et en nous excusant des oublis, citons : l'Union catholique des hommes du Tarn, la Corse catholique, le Bulletin de l'Union catholique du diocèse d'Amiens, le Bulletin de la Ligue des catholiques d'Anjou, la Page du Comité diocésain d'Annecy, le Bulletin de l'Union des œuvres d'Arras, le Point de Direction de Bayeux, la Liaison de l'Oise, l'Action catholique de Loir-et-Cher, l'Action catholique de Bordeaux, le Berry catholique, le Bulletin des hommes catholiques du Quercy, Circulaire mensuelle de Cambrai, Voix catholique de l'Aude, Bulletin de l'Union catholique de Limoges, Bulletin du diocèse de Clermont, Point de Direction de Coutances, Vie diocésaine de Dijon, le Semeur d'Evreux, Bulletin de l'Union catholique varoise, Revue mensuelle de la Ligue dauphinoise d'Action catholique, l'Union catholique d'Aunis et de Saintonge, la Mayenne catholique, la Défense catholique sarthoise, l'Union de la Haute-Loire, Revue mensuelle de l'Action catholique lyonnaise, l'Eveil provençal, la Lozère catholique, l'Union catholique lorraine, l'Union catholique de l'Hérault, Bulletin de lAssociation des chefs de famille de Nantes, l'Eveil des Alpes-Maritimes, l'Union catholique du Gard, les Unions catholiques de Dordogne, l'Union de Perpignan, Bulletin de l'U. C. des hommes du Poitou, Bulletin de la Ligue de défense et d'Action catholique de Quimper, le Progrès catholique de Reims, l'Union catholique de l'Aveyron, l'Echo de Normandie, Bulletin de l'U. C. des Côtes-du-Nord, le Foyer Vosgien, le Trait d'union de Saint-Flour, l'Action catholique lorraine, l'Action catholique drômoise, l'Action catholique du Morbihan, l'U. C. du diocèse de Verdun, le Catholique vivarois, etc.,

nal existant, avec la *Croix* du département,
par exemple, que le Comité diocésain s'assure
l'organe nécessaire. Certains Comités ont
rénové ainsi la presse catholique de leur
diocèse et il en est qui dirigent actuellement
un journal hebdomadaire par arrondissement.

Une organisation de conférenciers était
également nécessaire, pour tous ces Congrès,
dont nous avons parlé, et même pour entretenir la vitalité des Unions paroissiales. Aussi
le Siège central dut adjoindre à son service de
presse un service des conférences qui, dans
les premières années, fut partout sur la brèche, jusqu'au moment où les services analogues, propres à de nombreux diocèses, plus
souples et moins coûteux, lui permirent de
limiter son intervention aux grandes Assemblées et aux Congrès importants.

Selon une statistique bien incomplète, 14.814
conférences furent données, en 1925-1926,
dans 5.073 paroisses, et, en 1926-1927, 17.639
dans 8.722 paroisses. En un an, Annecy donne
783 réunions dans 173 paroisses. Saint-
Brieuc : 787 dans 159, Rennes : 779 dans 265,
Lille : 653 dans 220, Périgueux : 869 dans
169, Grenoble : 870 dans 87, Versailles : 547
dans 120. Ces chiffres laissent évidemment
dans l'ombre les réunions qui se tiennent dans
les paroisses vivant sur leur propre fonds,
sans demander le concours d'un conférencier
étranger.

On comprend que de nombreux Comités
diocésains aient cherché à se constituer une

équipe propre de conférenciers, pour éviter
d'excessives dépenses. Dès 1927, Rodez a 119
conférenciers, Quimper 60, Langres 50, Van
nes 40 ; et de véritables écoles sont nées, pour
les former, à Besançon, à Clermont-Ferrand,
à Lille, Metz, Saint-Brieuc, Quimper, Nevers,
Tours, Nancy, Troyes, Nîmes, Vannes, Périgueux, Versailles, Valence, etc...

Cet effort immense de propagande, parlons
net : de rechristianisation, ce martelage constant de l'opinion publique, qui s'est organisé
naturellement, sans fracas, sans aucun recours
aux procédés tapageurs de la publicité
moderne, dure depuis cinq ans. Non seulement
on peut dire qu'il ne s'est pas ralenti, mais,
nous le verrons, c'est en 1929 qu'il a donné
son plein effort, lorsqu'il s'est agi d'entraîner
l'armée catholique dans l'organisation des
assurances sociales.

Beaucoup se réjouissent présentement des
transformations qui s'observent, et dans l'opinion publique, et dans les milieux dirigeants.
Mais certains, qui annoncent, un peu vite, le
terme de nos difficultés et de nos efforts, souli-
gnent les effets de cet esprit nouveau, sans
donner une juste attention au travail accom
pli par les catholiques depuis cinq ans. Le
fait qu'ils soient réinstallés dans la vie sociale,
partout présents et agissants, semble vrai
ment sans intérêt ou inexistant. Tout ce labeur
obscur et sans gloire, que des hommes, par
milliers, ont soutenu, par esprit de foi pour
grouper, retenir et enseigner, dans leurs com-

munes, ceux qui avaient conservé encore quelque attachement à la vérité divine, pour montrer aux autres le lumineux visage de vrais chrétiens, cette conjonction immense d'efforts accumulés, c'est à peine s'ils en ont souci.

Ce qui s'est fait, nous le ferons comprendre par un exemple, qui pourrait être dix mille fois multiplié. C'est celui d'une paroisse à moins de cinquante kilomètres de Paris, dans une région fortement déchristianisée : 700 habitants, vie religieuse maintenue languissante par les habitudes individuelles, aucune activité commune ; en 1925, le curé et un laïque, un seul, se réunirent et décidèrent la fondation d'une union paroissiale d'hommes. Principe posé : reconquérir les foyers en entraînant leurs chefs ; au début, l'Union comprend six hommes, on décide une propagande méthodique qui utilise tout, la presse, les brochures, le tract et la conférence. Nous passons sur les vicissitudes pour courir au résultat acquis ; en 1929, la presse catholique est reçue dans les cinq sixièmes des foyers, 195 sur 230, elle est lue, sous ses diverses formes, par 600 personnes, hommes, femmes et enfants, l'Union paroissiale comprend 130 hommes inscrits et l'enseignement à l'école laïque sera bientôt... presque chrétien.

Oui ! il y a quelque chose de changé en France... On y revoit une chrétienté.

« Ayant été seule constituée par Dieu, interprète et gardienne de ces vérités et de ces préceptes, l'Église seule aussi jouit à jamais du pouvoir efficace d'extirper de la vie publique, de la famille et de la société civile, la plaie du matérialisme, qui y a déjà opéré tant de

ravages ; d'y faire pénétrer les principes chrétiens, bien supérieurs aux systèmes des philo-
sophes, sur la nature spirituelle ou l'immor-
talité de l'âme ; d'opérer le rapprochement de
toutes les classes de citoyens et d'unir le
peuple tout entier par les sentiments d'une
profonde bienveillance et par une certaine fra-
ternité ; de défendre la dignité humaine et de
l'élever jusqu'à Dieu ; de corriger enfin et
d'améliorer les mœurs publiques et privées, de
façon que tout soit pleinement soumis au Dieu
qui voit les cœurs... que le sentiment sacré du
devoir soit la loi de tous, particuliers et gou-
vernants, et même des institutions publiques ;
et qu'ainsi le Christ soit tout et en tous » (1).

L'Eglise conserve bien toute sa fécondité,
car elle est éternelle. Mais l'Eglise, ce n'est
pas seulement le Souverain Pontife, ses Evêques et ses prêtres, elle n'est une hiérarchie
que pour les fidèles, une société où les fidèles
agissants doivent être autour du prêtre et
combattre avec lui. C'est ce que l'individualisme nous avait fait oublier, ce que S. S. Pie XI
rappelle inlassablement en rétablissant, avec
l'Action catholique, par l'Action catholique,
le caractère profondément social de la vie religieuse, par quoi il pose les conditions du salut,
pour toutes les nations.

L'œuvre profonde de la Fédération Nationale Catholique, l'âme de son action, la cause
vraie de son succès aura consisté simplement
à promouvoir, parmi les catholiques de
France, une action commune, massive et, pour
tout dire d'un mot, sociale. Or, cette action

____

(1) Pie XI, Encyclique *Ubi arcano.*

sociale tend à une charité (1), et là est sa force, son invincible puissance de pénétration, qui va à son but, se joue des obstacles, les appelle, les requiert même, pour s'y appuyer, et passer outre, active et conquérante, silencieuse, insidieuse, tel le travail de la grâce dans une âme rendue à Dieu.

____

(1) Nous ne nous méprenons pas ; des lecteurs demanderont : « Comment cela a-t-il pu se faire, sans que nous ayons rien su ? ». Et, sceptiques, ils hausseront les épaules, croyant à une exagération. En quoi ils nous apporteront une confirmation, car c'est le propre des sociétés individualistes et sans charité, que de dresser entre les classes, entre les groupes, des montagnes de préjugés, d'hostilités, d'intérêts mal compris, qui rendent la vie commune difficile sinon impossible, en sorte que les divisions et les cloisonnements se multiplient, dans une incompréhension mutuelle, dans l'ignorance même de ce que fait le voisin.

CHAPITRE II

Les premières réalisations :
1927-1929

Dès l'automne 1925, le Président de la
F. N. C. proposait à l'Assemblée générale des
délégués diocésains de retenir, chaque année,
deux ou trois questions qui fussent propres à
coordonner tous les efforts de propagande et
à les orienter vers des *objectifs* précis. C'est
ainsi qu'on retint, en 1925-1926 : la restauration familiale, la révision des lois de 1901 et
de 1904 hostiles aux congrégations et le problème scolaire ; en 1926-1927 : le problème
scolaire encore, mais pour une action plus
particulièreemnt dirigée contre l'école unique,
et la lutte contre l'hérésie socialiste ; en 1927-
1928 : les congrégations, l'action sociale catholique devant le socialisme et le communisme,
et toujours l'action contre l'école unique. En
sorte qu'on peut dire que, durant trois ans,
on s'efforcera d'éclairer l'opinion publique
sur l'injustice des lois scolaires françaises et
les dangers de la laïcisation renforcée, qu'on
tentait de cacher sous le terme vague d'école
unique — sur le problème des congrégations
et la réforme nécessaire des lois d'exception
— sur le péril socialiste enfin.

Tel était le règlement du labeur commun.
Après avoir arrêté net une tentative de persécution nouvelle, par le seul moyen qui con-
vienne, le régime d'opinion : réunir et faire
agir les forces d'opinion dont on dispose, la

F. N. C. entreprenait la formation de ses propres troupes, dans les Unions paroissiales, et, en même temps, grâce aux puissants instruments de propagande que nous avons décrits, elle informait l'opinion publique tout entière, et des graves injustices dont les catholiques avaient été les victimes trop faciles, en France, et de la solidité, de la sagesse d'une doctrine chrétienne, dont une grande fraction du peuple français ne connaît plus que la grossière caricature. Il va sans dire que cette activité pénétrait le Parlement et les pouvoirs publics, soit par les relations directes et locales entretenues avec les députés, dans les nouveaux groupements, soit par les brochures, notices et journaux envoyés aux parlementaires, lorsque l'utilité s'en faisait sentir, soit, indirectement, par le développement de la Fédération nationale, qui portait son effectif de 1.800.000, en 1925, à 2.800.000 en 1928, non sans maintenir une présence, un rayonnement autour des idées qu'elle rappelait sans cesse et qui, de plus en plus, étaient exprimées et défendues, par ses militants, jusque dans les réunions et associations adverses : travail de l'opinion, auquel le Parlement, ni le gouvernement ne peut rester indifférent. Nous pourrions citer maintes régions du pays où les réunions anticléricales, qu'on a suscitées un moment dans l'espoir de faire obstacle, sont devenues impossibles, sans que la salle ne soit garnie d'un fort contingent de catholiques, quelquefois en majorité et décidés à se faire entendre.

De là vient que les succès remportés, les progrès accomplis ont présenté deux aspects : l'un négatif, lorsque l'Action catholique d

la F. N. C. avait pour effet naturel de bloquer
ou retarder la marche des ennemis de l'Eglise ;
l'autre positif, lorsqu'elle s'assurait des posi-
tions nouvelles et s'installait là où l'on n'était
plus accoutumé à la voir agissante. Il est
impossible de narrer dans le détail tout ce qui
a été fait : nous ne retiendrons que cinq interventions typiques.

a) *L'action de défense religieuse*

Le modèle en est la lutte contre l'école
unique.

On sait que « l'école unique » consiste, *dans
la pensée de tous ses animateurs*, en dépit de
secondaires divergences, dans une laïcisation
intégrale de l'enseignement français. Si l'idée
première n'est pas maçonnique, ce qui demeure incertain, l'école unique, en fait, est présentement un dessein de toute la maçonnerie (1).
La fin essentielle consiste à donner un monopole exclusif de l'enseignement, à l'Etat laïci-
sant ; certains disent : pas de monopole, mais
une *nationalisation*, qui tendent pratiquement
au même but. Ce monopole serait assuré par
deux réformes : la gratuité générale de l'enseignement et la sélection des élèves. La gratuité par laquelle toute concurrence d'un
enseignement libre quelconque deviendra impossible. La sélection, plus dangereuse, qui
permettra aux pouvoirs publics, de répartir les
élèves selon leurs aptitudes, grâce à de cons-
tants examens dits de sélection, nécessaires
pour passer d'un degré d'enseignement au

______

(1) On trouvera la preuve surabondante dans une brochure éditée par le siège de la F. N. C. ; *L'Ecole unique*,
par A.-G. Michel,

degré supérieur ; en même temps, des Commissions d'orientation professionnelle fonctionneraient, dans chaque canton ou arrondissement, pour étudier et définir les capacités propres à chaque enfant et lui indiquer les métiers qui lui conviennent. Les hautes fonctions sociales seraient réservées à l'élite intellectuelle, celle qui, d'examen en examen, aurait accédé à l'enseignement supérieur. Collaboration avec les parents, dit-on, mais sous la dépendance d'une administration nouvelle, nécessitant une armée de fonctionnaires, pour sanctionner les résultats de l'enseignement et de l'éducation. Car, de plus en plus, on dit *éducation* pour signifier l'œuvre scolaire, et non plus seulement : enseignement. En sorte que, le système appliqué, la « collaboration » des parents se réduirait à nourrir et vêtir les enfants, à les soigner en cas de maladie, et à payer les impôts (1). Il n'est pas de projet plus insensé, mais il n'en est pas non plus qui menace plus gravement les droits sacrés et les devoirs des parents. Sans doute, les buts cachés ne sont pas dévoilés aussi brutalement que nous venons de le faire, on procède par étapes et on couvre tout de fleurs de rhétorique. N'empêche qu'il est aisé de voir clair lorsque M. Ducos écrit, dans son rapport sur le budget de l'instruction publique pour 1928 :

« La sélection des bien doués doit s'opérer *dès l'école*, sans que, par le jeu des principes et des programmes, une supériorité autre que celle résultant de leur travail quotidien soit

---

(1) Cf. J. MORA. *Le vrai visage de l'école unique*, préface du Général de Castelnau (Flammarion). Voir également : *L'École unique contre le bien commun*, brochure éditée par le siège central de la F. N. C.

attribuée à ces derniers. *Elle doit s'effectuer par le maître* qui observe les aptitudes de l'élève... »

Et les instituteurs cégétistes, qui prennent au sérieux le rôle capital qui leur adviendrait, n'hésitent pas à applaudir dans leur Congrès national des déclarations de ce genre :

« L'éducation est une œuvre collective, c'est-à-dire d'Etat, l'Etat seul pouvant permettre à des individus de donner l'enseignement en son nom, mais refusant ce privilège à toute organisation comme celles du clergé régulier ou séculier ».

« L'Etat doit aller jusqu'au bout de sa tâche en rendant l'école neutre obligatoire pour tous. Il le doit non seulement pour remplir son rôle tutélaire envers l'enfant, mais pour sauvegarder la paix sociale et l'unité nationale ».

On ne s'étonnera pas que, dans les « Cartels », organisés pour réaliser l'école unique, se rencontrent les délégués de la Ligue des droits de l'homme, de la Ligue de l'enseignement, de la C. G. T. et des Jeunesse laïques, du Grand Orient et de la Grande Loge.

C'est pour cette école unique que M. Herriot annonçait une préparation prudente, patiente et silencieuse, en s'efforçant de prendre, à coups de décrets, quelquefois illégaux, toutes les mesures préparatoires. Ainsi a-t-on pu faire de grands pas vers la gratuité de l'enseignement secondaire ; encore que la plupart des mesures tendant à organiser la fusion du primaire et du secondaire, l'accaparement de l'enseignement professionnel n'aient abouti qu'à des échecs assez piteux. En fait, les promoteurs de l'école unique piétinent sur place depuis quatre ans.

Sans la F. N. C., la préparation de l'école unique n'eut été ni patiente, ni silencieuse : nous serions à la veille d'une réalisation, écartée par la campagne ardente, tenace et inlassable, menée à travers tout le pays pendant trois ans contre cette invention maçonnique. Et, sans elle aussi, mille petites tracasseries, relevées çà et là contre les écoles libres et leur personnel, eussent pris la forme d'une persécution systématique.

Le problème de l'école unique demeure sans doute entier, comme celui de la famille, parc : qu'ils sont les plus complexes, qui se résoudront après les autres. Au moins peut-on dire, à l'heure où la huitième Assemblée générale vient de retenir l'un et l'autre à son programme, au moment où s'organisent partout des Commissions diocésaines scolaires qui assureront une complète unité d'Action catholique pour la réforme scolaire, que la concentration des catholiques aura empêché toute aggravation sérieuse du mal.

Nous pourrions faire des observations analogues en ce qui concerne le socialisme et le communisme ; la propagande catholique contre ces erreurs, maintenue deux ans durant, a certainement contribué à arrêté le progrès des partis révolutionnaires, lors des élections de 1928. Si l'efficacité de cette action ne peut être évaluée, en raison de ce fait que la F.N.C. n'agissait pas seule, elle n'est pas niable cependant, pour qui en a compris l'amplitude.

b) *L'action positive*

1. *Les congrégations.* — Dès sa première campagne, la F. N. C. indiquait que son activité tout entière oscillerait, comme entre deux pôles, de la famille à l'école. Mais pour cette dernière une question préalable se posait ; la révision des lois de 1901 et 1904 qui interdisent tout enseignement aux religieux.

Pendant quatre ans, la question des religieux et des congrégations est demeurée à l'ordre du jour, pendant quatre ans, avec l'appui de la D. R. A. C., la F. N. C. a restitué aux Français la compréhension perdue des ordres religieux, de leur rôle et des services inégalables qu'ils peuvent rendre. Cependant, toutes les congrégations sont rentrées, si elles n'ont pas de statut légal : elles sont là. On discute sur le droit, mais le fait est acquis. Et l'influence exercée sur l'opinion publique, préparée par les leçons de la guerre, a été telle que, sur ce point, on peut dire la partie gagnée.

Nous l'avons vu récemment, lorsque, 277 députés élus par les catholiques ou avec le concours des catholiques, après avoir accepté de soutenir leurs revendications, le gouvernement s'est enfin décidé à prendre les devants et à écorner le bloc des fameuses lois « intangibles ». Car on a bel et bien touché à ces lois, avec maintes précautions, en couvrant de tous les sophismes imaginables une opération qui consistait à corriger partiellement, très partiellement une erreur, une injustice du passé, tout en déclarant très haut qu'on la maintenait intégralement.

C'est ce que la dialectique étincelante du R. P. Doncœur dégageait récemment dans les *Etudes* :

Si l'on se rappelle que les lois de 1901 et de 1901 reposent sur le vieux dogme « républicain » de l'immoralité essentielle des vœux de religion, comment ne pas se réjouir de voir en quelle poudre honteuse est aujourd'hui réduite cette assise sacrée ? N'est-ce point Waldeck-Rousseau qui avouait jadis que « le seul motif (justifiant le régime d'exception imposé aux Congrégations et les plaçant hors du droit commun) [était] que les Congrégations religieuses, appelées à prononcer des vœux perpétuels, elles se [plaçaient] hors du droit naturel et du droit civil ? » N'est-ce pas dès 1882 qu'il prononçait à la tribune de la Chambre cette solennelle excommunication civile : « Les Congrégations sont *illicites et immorales*, car ce sont des associations dans lesquelles chacun, renonçant à ses droits individuels ou à l'un deux, subordonne sa personne pour tout ou partie à une tierce volonté ? »

Or, lorsque les cadets de ces grands laïques voulurent hier rappeler les dogmes sacrés, ils ne s'attendaient pas sans doute à les voir exposés à de tels désaveux.

M. J. Durand essaya de brandir le vieux sophisme dont, le 6 mai 1883, Waldeck-Rousseau éblouissait le Sénat : « Quand de la personnalité humaine vous avez retranché ce qui fait qu'on possède, ce qui fait qu'on raisonne, ce qui fait qu'on se survit, je demande ce qui reste de cette personnalité ? » (25-1348). Mais n'est-ce pas M. Herriot en personne qui chantait ces « qualités... précieuses dans tous les rangs de la société, qualité... évocatrices de progrès moral et par suite de progrès social... goût héroïque pour la pauvreté infiniment honorable, sens évident de courage... vertus si rares dans notre société moderne, étroite, égoïste, si étouffante... ? » Il serait inélégant d'insister ! De 1883 à 1929, que de chemin parcouru ou bien par les « radicaux idéalistes », ou bien, hélas ! par cette « société moderne » qui, en 1883, pouvait mépriser ces « vertus » de moines et qui, en 1929, se voit contrainte à les honorer comme « rares ! »

Ainsi, tout l'échafaudage dressé dès 1882 s'écroule. Si l'immoralité essentielle des vœux religieux n'est plus reconnue, l'interdiction légale qui en déroulait automatiquement perd son équilibre. Et c'est ici que nous voyons non plus une brèche, mais une immense lézarde s'ouvrir dans le mur de la laïcité.

Se fiant à la tradition républicaine jusqu'alors incontestée, M. J. Locquin s'imagina pouvoir, au nom des socialistes, rejeter les projets de loi, parce qu'autorisant ce que la loi constitutive du régime interdisait. « Depuis longtemps déjà, les vœux ont été bannis de notre législation, on les a considérés comme étant contre nature et Waldeck-Rousseau les déclarait contraires au droit civil »...

Sur d'aussi solides prémisses, M. Locquin bouclait joyeusement son syllogisme : « Les vœux étant interdits par la loi... », quand soudainement retentit la parole coupante d'un juriste de métier : — « C'est une erreur, déclarait-elle, qu'il importe de rectifier tout de suite. Les vœux ne sont pas reconnus par la loi. *Ils n'existent pas au point de vue juridique. Mais ils ne sont pas interdits. C'est très différent* ». — « Ils n'ont pas de valeur légale, mais ils existent », appuyait une autre voix sonore. — « ...Elle *les ignore*, reprenait sèchement le premier orateur, *et elle continuera de les ignorer. C'est une question qui ne relève que de la conscience individuelle des membres de la Congrégation* » (27-1394). Ainsi, M. Poincaré en personne, secondé par M. Briand, proclamait-il ce que je n'ai cessé depuis cinq ans de répéter après M. Herriot. Les pouvoirs actuels faisant profession de ne plus connaître le spirituel se sont mis dans l'incapacité voulue de connaître les vœux : « *au point de vue juridique, ils n'existent pas* ».

On entend bien que les catholiques ne laisseront pas perdre d'aussi précieux arguments. Néanmoins les « hommes d'action » ont critiqué ce qu'ils appelaient l'inertie de la

F. N. C., pendant la discussion des projets de loi sur les congrégations missionnaires.

Mais rappelons les faits. En septembre 1928, le gouvernement, inquiet de la décadence de nos congrégations missionnaires, dont le recrutement a été tari par les stupides lois dites laïques, inquiet du recul d'influence française qui en résulte, insère brusquement, dans la loi de finances, deux articles 70 et 71 qui ouvrent la porte à la plupart des congrégations, par un nouveau régime d'autorisatio légale et assez large. Il ne s'agit pas d'annuler un déni de justice porté contre les religieux il n'est question que d'un intérêt national, français, que les congrégations françaises peuvent bien servir accessoirement, par le seul fait qu'elles existent et agissent, mais pour lequel elles ne sont pas fondées, n'ayant d'autre fin que le service de Dieu et de son Eglise.

Une vive réaction des clans maçonniques, la démission de M. Herriot font reculer le gouvernement timide, qui cède au sectarisme, retire ses articles 70 et 71 et les transforme en neuf articles 33 à 41 d'un projet de loi nouveau. Les possibilités accordées à neuf congrégations missionnaires seulement, sont devenues si limitées et dérisoires qu'on n'en peut même plus attendre une rénovation de nos missions à l'étranger. L'organisation catholique ne se départit pas un instant de sa réserve : elle observe et attend. Les députés catholiques et sympathisants votent les neuf articles, laissant aux supérieurs des congrégations intéressées le soin de décider le profit qu'ils en doivent tirer, non sans que M. Groussau, député du Nord, n'ait déclaré sans ambages, à la tribune :

Notre tâche a été facilitée par ce fait que les projets ont un caractère spécial et que la question des Congrégations reste entière...

Comme catholiques et comme citoyens, nous ne cesserons de protester contre ces mesures d'exception, qui font tache dans la législation française et nous continuerons à réclamer la restauration d'un régime de liberté et de justice.

Le général de Castelnau lui fit écho en écrivant : *le problème des Congrégations religieuses n'a été ni posé, ni abordé, ni même, peut-on dire effleuré par les récentes propositions du gouvernement et les décisions consécutives de la majorité.*

C'est tout ! Aussi bien le vote de la Chambre acquis en avril 1929, on attend encore le vote complémentaire du Sénat qui ne semble pas pressé d'aborder la question.

Les « hommes d'action » eussent souhaité, autour de ces articles, une belle agitation, l'engagement massif de toutes les forces catholiques. Maintes ouvertures ont été faites dans ce sens, au président de la F. N. C., par des esprits bien intentionnés, qui ne voyaient pas quelle grave erreur de tactique ils conseillaient, et qui, au demeurant, connaissaient mal l'homme qui aime à dire et redire que la prudence est le plus court chemin d'un point à un autre.

Car enfin, l'événement passé, il faudrait dire quel bénéfice on eût tiré d'une intervention, alors que le problème posé était celui d'une influence française et non le problème des congrégations. Lors même qu'un succès eût été remporté, en raison même de ce succès, les catholiques eussent compromis l'avenir. Ils donnaient à croire que satisfaction était donnée à une de leurs revendications essentielles ; ils se rendaient complices d'une confusion grave, qui fait considérer les religieux comme des agents d'influence française et non comme les missionnaires de Dieu ; ils coupaient eux-mêmes leurs propres ponts, rendant impossible avant longtemps l'abrogation large et loyale, à la française, de lois iniques, qu'on peut bien dire intangibles, mais dont l'absurdité est telle qu'on ne peut plus les appliquer. Rappelons ici, encore une fois, que toutes les congrégations françaises sont rentrées, conformément au principe qui veut que toute liberté légitime se prenne et ne se réclame pas, si elles n'ont pas de statut légal, elles ont un statut de fait, garanti par la présence de l'organisation catholique elle-même.

Lorsque l'État français sera contraint enfin d'en venir au statut légal, et il y viendra, le problème se posera dans son intégrité : nulle fausse manœuvre ne l'aura compromis. Or, en ce qui touche à ce statut, la thèse de la Fédération Nationale Catholique est si simple et si claire qu'on n'a jamais osé la discuter depuis cinq ans. elle consiste à dire aux pouvoirs publics :

« De deux choses l'une. Ou bien vous refusez de connaître les congrégations et nous réclamons pour elles le droit commun. Les religieux sont des citoyens comme les autres. Leurs vœux ne peuvent être connus de vous ; ils échappent à toute définition légale et le cercle vicieux dans lequel vous tournez depuis vingt ans, consiste précisément à vouloir condamner des vœux que vous êtes incapables de définir. Quant au costume, quant à l'habitation commune, vous ne pouvez rien contre et vous le savez mieux que nous.

« Ou bien, vous entendez connaître l'activité des religieux, vous remarquez qu'elle intéresse fréquemment le Bien commun dont vous avez la charge et que, dans cette mesure, vous ne pouvez vous en désintéresser. Et nous sommes d'accord avec vous. Mais puisque vous abandonnez enfin les mythes d'un anticléricalisme intenable, c'est pour regarder les réalités en face, en quoi nous pouvons vous aider grandement. Or, vous allez observer que les congrégations ne sont pas des associations comme les autres, qu'elles sont hiérarchisées, soumises à des supérieurs, ceux-ci obéissant au Saint-Siège, qu'elles ont des fins spirituelles qui ne sont pas les vôtres, mais supérieures, fins que le Pontife universel, apostolique et romain est seul qalifié à connaître dans leur plénitude. Dans ce cas, puisque vous voulez un statut légal de nos congrégations françaises, allez le discuter à Rome ! »

2. *Les élections législatives de 1928.* — A la Fédération Nationale Catholique, les élections posaient un problème délicat. L'Action catholique ne peut vivre qu'en dehors et au-dessus des partis politiques, abritée de leurs divisions et de leurs hostilités souvent passionnées ; elle groupe et organise les catholiques, comme tels, sans égard à leurs opinions, elle rassemble de tous les points de l'horizon politique, où des catholiques peuvent légitimement se tenir, mais elle rassemble au-dessus, pour

unir. Et cependant, la F. N. C. ne pouvait rester inerte devant les élections, au risque de
laisser passer une coalition des partis de
gauche, dont l'Eglise eut été la cible, en même
temps que le pays eut soldé une fois de plus
les frais ; une telle politique d'autruche allait
contre tous les intérêts les plus hauts de la
religion et de la patrie.

L'attitude en période électorale de la F.N.C.
fut définie, avec un rare bonheur, le 3 février
1927, par M. François-Saint-Maur, sénateur
de la Loire-Inférieure et vice-président de la
Fédération : son rapport, adopté unanime-
ment par l'Assemblée générale réunie alors,
définissait une série de règles précises, dont
la sagesse et l'efficacité ont reçu, depuis, le
couronnement de l'expérience : les voici :

I. — La F. N. C. rappelle une fois de plus qu'elle
n'est ni un parti catholique ni une organisation électorale. Son action civique se place en dehors et au-
dessus des partis : elle tend uniquement à la réalisation de ses buts propres, par l'union de tous les
catholiques, dans une athmosphère de concorde et par
l'emploi de tous les moyens honnêtes et légitimes.

II. — L'utilisation des moyens électoraux rentre
par là, d'une façon générale, dans l'exercice de cette
action civique, mais la F. N. C. n'entend pas se subs-
tituer aux comités électoraux pour le choix de candidatures ou l'élaboration des programmes de ces comités
et de leurs candidats.

III. — C'est par l'intermédiaire des comités diocésains, mieux informés des nécessités et des possibilités
locales, agissant d'accord avec les autorités religieuses
compétentes et demeurant en liaison avec le comité
directeur, que doit s'exercer l'action civique de la
F. N. C. à l'occasion des élections.

IV. — Du cahier des revendications catholiques

intégrales qui constituent le but même de la F. N. C., les comités diocésains auront à extraire le programme particulier qu'ils entendent formuler pour les élections de leur département.

V. — Lorsque l'opinion des candidats ne leur sera pas suffisamment connue, il appartiendra aux comités diocésains de s'assurer de cette opinion.

La F. N. C. laisse à la sagesse, à la prudence, à la discrétion de ses comités diocésains, avec le soin d'élaborer leur programme local, le choix des moyens nécessaires pour entrer en contact avec les groupes et comités électoraux, pour obtenir l'adhésion des candidats et les garanties jugées opportunes pour assurer utilement l'union, la concentration et l'action efficace des voix catholiques.

VI. — Il convient que les comités diocésains arrêtent assez vite les grandes lignes du programme qu'ils entendent préconiser, afin de faire précéder l'élection d'une propagande méthodique par la presse, les conférences, etc.... afin de préparer les électeurs à exercer leur droit de vote dans les meilleures conditions.

VII. — Pour réaliser, avec le respect des autonomies locales, l'unité d'action nécessaire à une fédération, les comités diocésains locaux devront tous s'assurer d'une garantie indispensable au moins sur des points déterminés.

A défaut, nul candidat ne pourra recevoir l'appui officiel de la F. N. C. ni se revendiquer d'elle.

VIII. — Lorsque plusieurs candidats accepteront les demandes des comités diocésains et les programmes proposés, les adhérents de la F. N. C. resteront libres de leurs préférences.

Il serait fait appel à leur discipline catholique seulement lorsque la dispersion des votes aboutirait au triomphe des adversaires, particulièrement au second tour de scrutin.

Si le régime électoral actuel est maintenu, il peut être désirable que l'union des catholiques s'établisse, dès avant le premier tour de scrutin, par une liste commune. Sous la réserve des règles de prudence indiquées plus haut, sans s'immiscer dans la tâche propre des comités électoraux et sans porter atteinte à la liberté politique de leurs adhérents, les comités diocésains auront à suivre et à favoriser les efforts faits en vue de l'union des catholiques.

IX. — Il peut y avoir avantage, en dehors des questions proprement religieuses, à faire entrer en ligne de compte les questions familiales qui rentrent dans nos préoccupations. Le terrain familial permettra des contacts plus faciles pouvant conduire, une fois pris, à aborder d'autres questions.

X. — Le comité directeur de la F. N. C. se propose d'aider les comités diocésains dans leur tâche, de les documenter, d'intervenir s'il est fait appel à son arbitrage ou à ses avis, d'effectuer la liaison des comités entre eux et d'assurer la marche commune de la Fédération.

S'il est amené à négocier lui-même avec les organismes centraux des partis pour des questions de portée générale, il portera en temps utile à la connaissance des comités les informations qu'il aura reçues ou les décisions qu'il aura prises.

XI. — L'action civique s'exerce, après l'élection en gardant le contact soit avec les comités, soit avec les élus afin de suivre l'exécution des promesses faites ou l'observation des garanties données, sous les mêmes réserves de prudence et de discrétion.

Ces règles sont éminemment propres à faire comprendre la souplesse de l'organisation nationale, due au général de Castelnau, et l'autonomie des Comités diocésains, dont les actions sont coordonnées par une unité supérieure qui n'entrave rien. On aura vu (règle IV) que chaque Comité diocésain était libre de fixer un programme catholique diocésain, extrait du cahier des revendications catholiques, et de le faire connaître aux candidats du département. Mais l'Assemblée générale de la F N. C. avait décidé qu'en aucun cas, on ne descendrait, en 1928, au-dessous des conditions minima suivantes :

Liberté d'association et liberté d'enseignement pour tous les Français et donc pour les religieux, Français au même titre que les autres. Pratiquement, c'était l'abrogation des lois iniques de 1901 et 1904 qui était demandée.

Pour bien marquer dans quel esprit les catholiques devaient aborder les élections, M. François-Saint-Maur avait pu dire, aux applaudissements unanimes des délégués diocésains, assemblés en février 1927 :

Nous ne saurions trop insister sur le tact, la prudence. la réserve que la Fédération Nationale Catholique doit mettre à son action civique.

Toutes ces nobles qualités humaines seront-elles suffisantes ? Nous ne le pensons pas. Il y faut ajouter cette vertu chrétienne plus affinée, la charité, c'est-à-dire un esprit de désintéressement personnel. de concorde, d'amour fraternel qui rendra notre tâche plus facile dans les difficultés et plus féconde dans les résultats.

Enfin, au début d'avril, la voix du Chef rappelait à tous le devoir essentiel. Discipline, disait le général de Castelnau, mais discipline d'esprits sages qui n'exigent pas, pour se plier aux nécessités de l'action commune, une impossible perfection :

L'unité de doctrine et l'unité d'action se sont affirmées aux quatre coins de notre France, administrant

àinsi la preuve irréfutable de la cohésion déjà réalisée dans un organisme qui ne compte guère que trois
printemps d'existence.

Quels que soient les résultats de demain, les groupements diocésains ont, dès à présent, senti et cons-
taté combien leur existence et leur activité répondent,
à l'époque où nous vivons, aux nécessités de l'action
catholique, surtout lorsque vient le moment de la
transporter du domaine de la propagande, toujours
et largement ouvert, sur le terrain de l'action civique
limité, lui, aux exigences de certaines périodes particulières et à certaines circonstances concrètes de la
vie fédérative.

Mais, les efforts si concordants, si éclairés et si
sages des dirigeants n'atteindraient pas tout le rende-
ment utile qu'on doit en escompter si nos adhérents
ne se manifestaient pas partout animés d'un généreux
esprit d'abnégation et de discipline.

La perfection n'est pas de ce monde, et il est possible que les décisions prises ou à prendre, dans
chaque diocèse, par les Comités diocésains, ou même
le Comité directeur de la Fédération, ne réalisent pas
partout l'idéal que chacun se propose. Mais, dans la
situation difficile, même délicate, de l'heure actuelle,
où doivent être conciliés, dans le présent et dans
l'avenir, les intérêts de nos libertés religieuses d'une
part, et d'autre part, l'impérieuse obligation de barrer
la route aux éléments essentiellement destructeurs de
la religion, de la famille et de la patrie, il sera parfois
très malaisé de déterminer où est le devoir.

Que nos adhérents fassent confiance à la sagesse des
Comités diocésains, soutenus et éventuellement conseillés par le Comité directeur de la Fédération.

*
* *

En fait, à part de très rares exceptions, la
cohésion et la discipline furent remarquables.
Non seulement, les directives ont été suivies,
mais on les réclamait avec insistance lors-

qu'elles ne venaient pas assez vite. Dans
maints arrondissements le contingent catholique intervint en bloc, comme un seul homme,
le nombre de voix réparties d'un candidat sur
l'autre, entre le premier et le second tour,
correspondant exactement aux effectifs enre-
gistrés dans les Unions.

L'activité des catholiques ne fut pas moin
dre, activité non pas électorale, ni politique,
mais chrétienne : elle s'affirma partout, affi
chage, tract, interventions dans les réunions,
contradiction portée, en catholiques déclarés,
chez l'adversaire. On vit la force catholique
à l'œuvre.

Le résultat : 277 députés sont au Parlement
qui, catholiques ou non, ont accepté de soute
nir les revendications catholiques et n'auraient pas été élus sans l'appui de la F. N. C.
Beaucoup sont des nôtres évidemment, mais
combien parmi eux, qui ont agi avec le sentiment qu'il fallait avoir désormais les catho
liques avec soi, dussent les « lois intangibles »
en souffrir quelques atteintes. Depuis combien de temps, pareil résultat n'avait été enre-
gistré !

Au début de mai, le général de Castelnau
tirait de l'événement la leçon qu'il comporte :

Les élections des 22 et 29 avril marquent un vigou-
reux coup de frein dans la course à l'abîme.

Il s'agit maintenant d'engager résolument le pays
dans la bonne direction, c'est-à-dire dans le sens du
ses véritables traditions nationales et de ses destinées
chrétiennes.

Français et catholiques, catholiques et Français,
nous ne pouvons que nous réjouir des résultats obtenus, si incomplets soient-ils. Notre satisfaction est
d'autant plus légitime que, dans la lutte électorale

d'hier, les groupements catholiques ont efficacement manifesté leur existence, leur cohésion et leur discipline. Si, partout, ils n'ont pas atteint les objectifs désirés, du moins, du nord au sud et de l'ouest à l'est de la France, ils ont compté, dans les divers collèges électoraux, comme un bloc bien soudé, un élément particulièrement important des forces de l'ordre contre les puissances de désordre.

Nous croyons pouvoir affirmer que la cause des libertés religieuses n'est pas sortie amoindrie de la récente lutte électorale. Nous avons tout lieu de penser qu'elle a fait, au contraire, un pas en avant dans la voie des réalisations.

D'un de ces mots brefs qui lui sont coutumiers, le Président de la F. N. C. avait jugé la situation nouvelle : *Le Cartel est mort et enterré !* Ce pronostic a été vérifié et il faut renoncer à comprendre la présente législature si on oublie que 44 % des députés qui composent la Chambre, sont engagés en quelque manière vis-à-vis des catholiques.

Les pessimistes font la moue, manifestant peu de confiance dans ces engagements. D'avance il leur avait été répondu :

Ici, écartons un mythe installé encore dans beaucoup d'esprits et qui nous a coûté déjà très cher : le mythe des bonnes élections.

Nous voyons des hommes pressés et inquiets s'agiter déjà à la pensée que les élections leur vaudront peut-être une déception ; pour eux, qui redoutent avant tout l'effort, la partie serait gagnée si elles portaient à la Chambre un flot de députés catholiques ou sympathisants, qui remettraient toutes choses en ordre sans plus de souci pour nous. Condition essentielle : n'avoir rien à faire, ou à peu près.

C'est s'en remettre, comme toujours, aux

4

« bonnes élections », panacée universelle, dont le seul nom dégoûte la plupart des Français. Sage dégoût, car cette conception des « bonnes élections » est absurde, impliquant un mauvais travail parlementaire, et là sans doute est le secret de tous les échecs passés.

Nous aurons de « bonnes élections », lorsque de bons députés, portés à la Chambre par nos voix, y demeureront soutenus, appuyés et s'il le faut, redressés, — il faudra bien quelquefois rappeler à certains leurs promesses, — par une armée de militants, agissant sans répit à travers le pays. Il ne suffirait pas de conformer notre législation aux principes d'un ordre social chrétien, si les mœurs publiques demeuraient contraires à ces principes et à ces lois, non plus qu'une réforme des mœurs ne pourrait subsister sans le redressement légal.

Or, tandis que l'assainissement des mœurs naîtra de nos volontés, de nos actions et de nos exemples, la réforme d'une législation si souvent mauvaise et anti-nationale reviendra aux Chambres, mais soutenues et encouragées dans la bonne voie par une pression constante.

Cette Action catholique sur les parlementaires, ces interventions qui pourront prendre diverses formes, constitueront la propre tâche des Présidents, d'arrondissement ou de canton, agissant d'accord avec le Président diocésain. Ils seront préposés à l'appui et à l'encouragement des bons députés, en tout ce qui concerne la défense de l'Église, des foyers et des âmes, en tout cela seulement, puisqu'il ne saurait être question d'opinions ou de partis politiques. Ils seront chargés de suivre l'action des élus médiocres et des mauvais.

Nous disons bien : des mauvais, car il en viendra qui s'élèveront naturellement à la catégorie des médiocres, lorsqu'ils auront vu s'étendre et déborder peu à peu une Action catholique efficace, dans leur arrondissement. Un député, même radical, même franc-maçon ne joue pas avec le tiers, ou le quart, ou le cinquième de ses électeurs quand il les sait groupés, solidement organisés et inlassablement actifs, quand ses agents l'avertissent que ce groupement croît sans cesse et pénètre chaque jour plus avant ; non seulement, il perd toute envie de plaisanter, mais il en vient peu à peu, au fur et à mesure que l'heure de la réélection approche, à penser qu'après tout les religieux sont bien libres de vivre comme il leur plaît et que, ceux qu'il voit dans sa circonscription ne sont pas aussi mauvais que les autres, qu'ils inculquent les bons principes aux enfants, sans compter que les religieuses soignent les malades avec grand dévouement. C'est ainsi qu'on fait prendre lentement de bonnes habitudes, capables d'affermir la paix religieuse dans une nation.

3. *Les élections municipales de 1929.* — Les élections municipales posaient, à la F. N. C., un problème tout autre que celui des élections législatives. C'est à M. François-Saint-Maur qu'il revînt encore de le définir devant la 7e Assemblée générale, réunie les 4 et 5 décembre 1928. Il le fit dans les termes suivants :

En matière d'élections municipales, les Comités diocésains prendront garde tout particulièrement aux questions de personnes, infiniment plus aigües et plus sensibles, sur le terrain municipal que sur le terrain législatif. La question se pose entre gens qui se connaissent, entre voisins de la même rue ; elle est beaucoup plus grave à ce point de vue.

Par conséquent, et sauf exception, la question qui doit se poser pour la F. N. C., en matière d'élections municipales, devra être beaucoup plus une question de programme qu'une question de candidatures et de listes. Vous aurez surtout à faire assurer par le plus grand nombre possible de candidats le respect des principes que vous leur soumettrez, et non à vous préoccuper particulièrement du choix des listes et des candidats.

Là où vous serez contraints de vous occuper des listes, n'oubliez pas de maintenir toujours les Comités paroissiaux sur le terrain des principes et des idées et de ne pas les lancer, *en tant que tels*, sur le terrain mouvant du choix des candidats ou de la discrimination des listes...

Une fois choisis et la méthode et les points du programme que vous voudrez soutenir, vous aurez à agir, à déterminer un plan d'action méthodique et simple.

Ce plan pourrait être théoriquement celui-ci :

Le 1er *acte* se joue devant le Comité paroissial dans les conférences de cet hiver. Les premiers adhérents que vous devez gagner, ce sont vos propres adhérents. Il faut leur indiquer les revendications catholiques, leur faire bien comprendre les points du programme choisis et les raisons qui ont motivé votre choix. Il faut les étudier devant eux, en montrer les bases, l'intérêt qu'ils présentent, les répercussions et les bénéfices que les catholiques et tous les citoyens peuvent en retirer.

2e *acte* : Sortant de vos cadres paroissiaux, vous saisirez l'opinion publique des revendications catholiques municipales, soit par des conférences, soit par des tracts, soit par des journaux, soit par des affiches, toujours intéressante au moment de la période électorale.

Il faudra abriter nos revendications sous le toit des franchises municipales et de l'intérêt général en montrant la concordance des unes et des autres. J'insiste ici sur ce que je vous disais l'an dernier et que je me permets de vous répéter. Il ne faut pas que nous avons l'air de réclamer uniquement pour nous, catholiques, mais il faut montrer d'une façon aussi prenante que possible la concordance entre ce que nous demandons et l'intérêt général.

3° *acte :* Une fois faite cette propagande publique à l'intérieur de nos groupements, vous aurez sur les bases ainsi déterminées, à négocier avec les Comités électoraux, les candidats, les chefs de listes, comme vous l'avez déjà fait pour les élections législatives ; avec la même réserve, la même discrétion, la même diplomatie et, je l'espère, avec le même succès.

4° *acte :* Vous aurez à porter ensuite à la connaissance du public le résultat de vos négociations sous la forme d'une consigne de vote pour le scrutin ; tous vos adhérents doivent recevoir, en temps voulu, et par les moyens les plus rapides et les plus sûrs, les indications nécessaires...

Nous vous demandons la fermeté dans le maintien de notre programme.

Comment pourrez-vous conserver cette fermeté ? par un moyen très simple qui nous a paru être le suivant : vous n'accorderez le patronage *officiel* de la F. N. C. qu'à ceux des candidats qui accepteront les trois points que nous avons arrêtés l'an dernier.

Libertés familiales et franchises municipales, le programme était résumé dans cette formule qui marquait bien l'œuvre d'affranchissement et de libération, qui est naturellement celle de l'Action catholique (1).

____

(1) Le législateur, dit M° Auguste Rivet, tend actuellement à faire de *l'assujettissement* en toutes matières une nouvelle base de droit public. Nous marchons vers

Il est impossible de traduire en chiffres les
résultats des élections municipales. Une vive
polémique qui a opposé le ministre de l'Intérieur et le parti radical-socialiste, après la
publication des statistiques officielles en est un
témoignage significatif. On ne peut classer et
cataloguer les conseillers élus dans plus de
30.000 communes, d'autant que, la plupart du
temps, un classement ne correspondrait à rien.
Dans quelle catégorie rangerait-on les paisi-
bles conseillers municipaux des petites communes rurales, où la politique, les opinions
mêmes se confondent presque dans un esprit
moyen ?

Il reste toutefois que, par les dernières élections municipales, l'Action catholique a enre-
gistré un progrès certain, une avance très
nette, dans laquelle il ne faut voir qu'une pré
paration d'avenir. Car c'est une présence nouvelle que les catholiques ont installé, par leur
intervention dans les élections municipales ;
la présence dans les affaires communales, pour
aider à leur gestion, rétablir des relations
cordiales et nécessaires. Sans doute, rien
n'avait été perdu de ce côté, en maintes
régions de France, mais l'entrée des catholi-

un étatisme effrayant qui, à tout instant, soumet le
Français à des déclarations : les lois fiscales, sous le
couvert pour les impôts cédulaires d'un pseudo secret
qui n'est qu'une vaste mystification ou une hypocrisie,
ont fait avancer à pas de géant dans cette voie. On ne
voudrait pas être « sujet », mais on ne fait aucune
difficulté à être un assujetti (Documentation catholique,
14 septembre 1929). Tous ceux qui ont conservé le souci
et le sens des justes libertés, si nécessaires à la prospérité d'un peuple, devront tôt ou tard faire alliance
avec l'Action catholique, unique contrepoids au socialisme
d'État.

ques, même en petit nombre, dans un nombre considérable de Conseils municipaux, où, depuis longtemps, ils n'étaient plus, constitue un fait important.

Les dernières élections municipales ont permis de constater enfin, dans un grand nombre de régions, la disparition d'un préjugé, né de l'anticléricalisme du siècle dernier, et qui portait à redouter l'entrée des catholiques dans les Conseil municipaux. Nombreuses en effet, ont été les communes où les catholiques notoires, militants connus, membres actifs d'Unions paroissiales ou cantonales, sont passés les premiers ou parmi les premiers, comme des hommes éprouvés, qu'on avait vus à l'œuvre et qui bénéficiaient de la confiance presque unanime.

Premier symptôme d'un renversement des situations, au terme duquel tous les sectaires, tous les artisans de nos divisions apparaîtront comme des reliques d'un passé sans gloire, et les catholiques, ouvriers de l'ordre social chrétien, comme les hommes du progrès et de l'avenir.

4. *L'organisation des assurances sociales.* — Lorsque la F. N. C. se contente d'empêcher un mal de naître ou de s'étendre, lorsqu'elle intervient dans une consultation électorale, où elle n'est jamais seule, on peut discuter l'efficacité de son action. Les pessimistes ne s'en sont pas privés, qui excellent à minimiser les succès les plus évidents, ceux-là mêmes que l'adversaire avoue et déplore. L'intervention de la F. N. C. dans l'organisation des assu-

rances sociales allait rendre plus difficile l'incompréhension propre à ces esprits qui pensent n'avoir rien acquis si tout ne leur est donné.

Nous n'ignorons pas combien la loi sur les assurances sociales est actuellement discutée et ce n'est pas le lieu de montrer ici tout ce qui se mêle encore d'individualisme ou de libéralisme impénitent aux critiques, justifiées ou non, qu'on en fait. Un point doit être retenu : à de très rares exceptions, on n'ose pas mettre en discussion le principe même de la loi, on blâme, on critique âprement ses modalités pratiqu. Mais devant une loi défectueuse et dont l'application est commencée, l'abstention critique ne peut rien donner ; les catholiques ont mis assez de temps à comprendre ce que leur avait coûté leur attitude d'éternels opposants, pour se confiner encore dans cette attitude facile, mais entièrement stérile. En fait, le 8 février 1928, le général de Castelnau, sûr d'avoir l'assentiment de tous, demandait une large enquête sur les assurances sociales. Il ne pouvait oublier et il rappelait que les assurances sociales étaient au programme de l'école catholique, depuis 1889 au moins, année au cours de laquelle Albert de Mun, député, avait déposé le premier projet d'assurances corporatives, depuis que Léon XIII en sanctionnait le principe, en 1891, dans l'encyclique *Rerum Novarum*. Les défectuosités lui échappaient d'autant moins qu'en 1922, il avait été, à la Chambre, parmi ceux qui s'efforcèrent de la redresser. Mais nul mieux que lui n'aura contribué à rappeler aux catholiques de France que l'absence est, de toutes les fautes, la pire.

De longues études préparatoires étaient commencées depuis l'automne précédent, qui ne prirent fin qu'en juin 1928. La Semaine sociale de Nancy avait en effet décidé, en juillet 1927, la création d'un Comité d'études, à Paris, qui se réunissait dès l'automne suivant; toutes les grandes associations catholiques y étaient représentées. Mais il s'agissait d'assurances qui requièrent impérieusement le grand nombre. Il convenait donc de mobiliser tous les effectifs disponibles. Aussi les membres du Comité d'études proposèrent-ils au général de Castelnau que les réunions du Comité eussent lieu désormais, au siège social de la F. N. C. et sous son patronage, ce qui fut fait de janvier à juin 1928. Ensuite, il ne s'agissait plus d'étudier, mais d'agir. L'unanimité avait été réunie sur l'adoption d'un plan d'organisation, proposé par M. Dedé, avocat à la Cour d'appel et directeur du *Mutualiste français*, et dont l'essentiel consistait à préparer les futures caisses d'assurances par des sociétés de secours mutuels départementales ; une organisation mutualiste centrale devait en outre prendre la charge des opérations de capitalisation, nécessaires aux pensions d'invalidité et de vieillesse. En juillet, la revue officielle de la F. N. C. publiait les premières règles pratiques détaillées.

En septembre, une brochure donnait, sous le titre : *la Fédération Nationale Ca'holique et les assurances sociales*, un exposé complet du problème,

***

Deux certitudes inébranlables devaient ordonner l'Action catholique : d'une part, nécessité d'appuyer une réforme qui, dans l'ensemble, tendait au bien des familles ouvrières ; d'autre part, nécessité d'intervenir dans l'application *inévitable* d'une loi promulguée et d'empêcher une entreprise nouvelle de laïcisation, qui eut fait de l'instituteur laïque, maître des enfants, secrétaire de mairie et distributeur de la manne des assurances, le potentat du village (1). Tous les arguments économiques et sociaux qu'on n'a cessé d'accumuler contre la loi ne peuvent tenir contre ces deux-là ; constatons d'ailleurs que les critiques les évitent soigneusement.

L'Action catholique s'est mise en mouvement.

Le résultat, c'est qu'en un an, de juin 1928 à juin 1929, un réseau national de sociétés de secours mutuels, nouvelles ou renouvelées, a été constitué, flanqué d'une Société fédérative centrale pour la capitalisation, et dont l'effectif actuel (2) dépasse 600.000 mutualistes. L'ensemble a été groupé, en juin 1929, par une *Union nationale et familiale des sociétés de secours mutuels*, qui ordonne une force mutualiste catholique devant la mutualité officieuse, traversée d'influences maçonniques. Il

____

(1) Cumul anarchique de fonctions, absolument contraire à l'ordre social et au bien commun de la cité, quand bien même tous les instituteurs seraient catholiques. La fonction de l'instituteur est d'enseigner, rien de plus. Elle est assez lourde pour occuper sa vie, assez noble pour qu'il s'y limite. L'en distraire, c'est en réalité, amoindrir un peu plus la qualité de l'enseignement public.

(2) Juin 1930.

convient d'ajouter que les agriculteurs ont été laissés aux organisations professionnelles agricoles, lorsque l'esprit de celles-ci n'était pas mauvais ou douteux, c'est-à-dire dans la grande majorité des cas ; l'effectif mutualiste réuni s'en trouve diminué considérablement.

L'activité des catholiques sur ce point a été inégalée. Organisation de centres diocésains, de comités cantonaux ou locaux, secondés par des conférenciers. Instruction des cadres, conférences paroissiales, campagne de press: unanime et soutenue pendant un an, visites à domicile, distribution de tracts et bulletins d'adhésion. Tout a été mis en œuvre, avec l'approbation constante et réitérée de l'épiscopat. Nous tenons de quelques-uns, particulièrement bien placés dans l'administration publique pour juger des résultats obtenus, que l'organisation catholique, en France, est seule capable de susciter un pareil mouvement, qui a pénétré *tous* les départements français, et de constituer en aussi peu de temps les sociétés de secours mutuels requises, avec ce minimum d'articulations administratives qui leur est indispensable, pour rayonner sur un département entier.

Par là, tout danger a été écarté, en même temps que la preuve était faite qu'une Fédération catholique étendait bien ses ramifications à tout le territoire, capable de soutenir une action vraiment nationale, pour un but déterminé, assez austère et ne prenant appui sur aucune force de sentiment passionné. L'action pour les assurances sociales a été le modèle de l'action *calme, raisonnée, voulue* et, au plein sens du mot : *virile.*

Un autre fait important, que M. François

Veuillot définissait avec perspicacité, semble acquis.

...Un fait nouveau. Jusqu'à ces dernières années, l'action proprement catholique, aux yeux de la plupart de ses adhérents, si elle ne devait pas se borner uniquement à la défensive, ne pouvait cependant s'aventurer sur le terrain social que sous la forme d'un vaste programme d'institutions réparatrices et reconstructives. La mise en application des lois ouvrières n'était point de son ressort. De ce travail immédiatement pratique et nécessairement technique, des œuvres et des groupements spéciaux pouvaient et devaient s'occuper, — souvent, d'ailleurs, en évitant toute apparence confessionnelle ; — mais non les catholiques, associés comme tels, en formations paroissiales et diocésaines. La *F. N. C.* vient de briser ce cadre, et aussi ce préjugé. Certes, on ne saurait l'accuser, ni d'avoir déserté le terrain des revendications purement religieuses, ni d'avoir méconnu l'importance des grands principes sociaux. Mais elle a justement estimé que les catholiques, en tant que catholiques, ont encore d'autres devoirs. En face des lois populaires, d'intérêt général, et, remarquons-le, d'origine chrétienne, — qui n'engagent, au surplus, ni question politique, ni préoccupation de partis, susceptibles de les diviser, les catholiques ont des responsabilités à prendre, des obligations à remplir, une mission à exercer. D'où, cette intervention massive, et en quelque sorte officielle, dans la mise en train des assurances sociales. Encore une fois, attitude nouvelle ; et, sans aucun doute, événement heureux. Je ne parle pas seulement de ses conséquences directes et prochaines ; je prévois surtout ses répercussions éloignées ; pour la première fois peut-être, avec ce degré d'évidence et c tte ampleur de réalisation, l'application des lois sociales s'unit devant l'opinion publique, aux revendications religieuses et aux principes chrétiens (1).

____

(1) *Revue des Jeunes*, janvier 1920.

CHAPITRE III

Les racines de l'Action catholique

Les résultats positifs atteints par l'activité de la F. N. C. se dégagent, on l'a vu, de l'historique des événements. Mais celui-ci ne livre rien de plus que ce qu'il peut donner : l'apparence extérieure, la surface des activités humaines. Pour une Action catholique, pour une action qui prend ses mobiles à une foi religieuse, il faudrait aller au fond des âmes pour établir le bilan exact. Car les règles pratiques ici, ne sont pas au niveau des actes purement humains : elles s'informent plus haut.

Qui organise une entreprise nouvelle ou forme une association de pêcheurs à la ligne. s'il n'a des bénéfices suffisants au moment où ses réserves sont épuisées, ou s'il ne réunit assez vite un nombre respectable de gaules, au bord de la rivière, peut dire qu'il a échoué et s'occuper d'autre chose.

Mais qui s'établit dans l'Eglise, pour mener à son abri, à son appel, le séculaire combat, n'a pas à prendre souci des résultats acquis, au bout d'un premier temps d'efforts. Qu'il s'examine devant un échec apparent, qu'il voie s'il a tout donné de ce dont il disposait, qu'il cherche s'il n'a pas traversé de mobiles personnels un dévouement qui ne doit se rapporter qu'au Christ. Et, si nul désordre secret ne s'est glissé dans l'œuvre, à la réserve des déficiences inévitables pour notre faiblesse humaine, qu'il poursuive sans inquiétude : ce qu'il sème donnera le bon grain, au centuple, quand viendra la moisson.

Les exigeants veulent la moisson sans délai.
Le Christ prétend imposer son heure. C'est
Lui qui sait : et la préparation, l'épreuve dont
notre bon vouloir a besoin ; et à quel détache-
ment les cœurs doivent être conduits pour
devenir souples et dociles aux attraits, aux
appels et signes, qui ne cessent de venir à
nous, mais que, distraits, nous n'entendons
ordinairement pas ; et ce qu'il faut accumuler
de labeur, de sacrifices et de prières pour
mériter ce que nous cherchons et qui ne nous
paraît simple, le plus souvent, que dans l'ignorance où nous sommes du poids de ces âmes
qu'il faut soulever et entraîner.

Pour entendre et ce que nous défendons et
les armes dont nous disposons pour le défendre, il ne suffit pas de voir le fidèle confirmé
tel qu'il est, il faut encore le considérer dans
le corps vivant qui l'abreuve d'une vie surabondante, dans cette Eglise, chef-d'œuvre de
la Bonté divine rejaillissant en Miséricorde.

L'Eglise n'est pas une association d'hommes qui s'accordent sur un certain nombre de
dogmes, signent un même formulaire et n'ont
d'autres liens entre eux que cette identité du
Credo, comme une école de disciples qui s'en-
gageraient à professer la même philosophie.
Elle est divine et l'Esprit du Christ ne cesse
d'y agir dans le tout et dans chacun de ses
membres, y entretenant une vie spirituelle
mystérieuse, qui maintient, sous l'apparente
diversité, une très profonde unité, une harmonie entière. Elle est Mère et ne cesse d'en-
fanter au Christ des fils nouveaux par son
baptême, de leur assurer la vie, en sanctification progressive, par ses sacrements, par la

communion de sa prière. Elle lie et elle unit, au plus haut et au plus intime des âmes.

Lieu et union si pénétrante que la vie de l'ensemble retentit sur chacun, comme la vie de chacun profite ou pâtit à l'ensemble. Tel gagne pour les autres plus dénués, parce qu'il sait puiser plus courageusement aux mérites infinis du Christ, qui sont à tous. Dans cette Cité divine, beaucoup peuvent ainsi s'enrichir des trésors d'un seul ou de quelques-uns ; le commerce de la grâce assure ces échanges, à l'insu le plus souvent de ceux qui en bénéficient, mais non des âmes saintes qui paient pour les autres. Par là s'explique le prix inestimable des Ordres religieux : institués dans le pur sacrifice, riches par là même en surabondance, ils sont garants et protecteurs de la multitude qui les entoure.

Entre l'autorité qui dirige une société humaine et les membres qui la composent, il n'est qu'une union morale, que la contrainte peut remplacer : l'action de cette autorité, tout extérieure, coordonne, oriente les activités privées en vue du Bien commun. L'action du Christ sur son Eglise et sur chacun de ses membres est autrement radicale, qui s'exerce par la grâce, au plus profond des âmes, agissant, de l'intérieur, comme l'âme agit sur le corps, mais plus intimement encore.

Aussi bien l'autorité qui gouverne est une partie de la société, émanée de celle-ci, de même nature qu'elle. L'Eglise, au contraire, est dans le Christ, née de Lui, ne subsistant qu'en Lui et pour Lui. Par cette mystérieuse communion des saints que nous enseigne la foi catholique, les hommes ne sont pas seulement réunis entre eux, mais aussi à Celui qui est le chef ; le Christ. C'est par Lui que « tout le corps, uni et coordonné par les liens des membres qui se prêtent un mutuel secours et dont chacun opère selon sa mesure d'activité, grandit et se perfectionne dans la charité » (1).

C'est dans ce bain de vie que, par l'Eglise, nos âmes sont plongées. Le comprendre donne à l'Action catholique son vrai sens. Elle est un combat qui ne finira qu'avec le monde et ne réclame que des cœurs audacieux, puisque toute force et toute arme requises à chaque instant nous sont assurées sur l'heure. Armés de la vérité éternelle, revêtus du Christ, comme disait saint Paul, membres de son Corps mystique, nous savons que tous nos efforts portent pierre, fussent-ils en apparence les plus vains. Combattre au nom du Christ est méritoire : dans la Cité de Dieu, nul mérite n'est perdu. Cette communauté de vie cachée que nous avons tenté de rappeler s'accroît de tout acte vertueux, lors même que nous n'en voyons pas la marque autour de nous. Pour tout vrai chrétien, le mot découragement est vide de sens.

C'est pourquoi il est invincible.

Le premier et immense bienfait de la Fédé-ration Nationale Catholique sera d'avoir com-mencé à restaurer, en France, une fierté chré-tienne que l'entraînement et l'exemple portent à s'affirmer publiquement, aube de lumière qui fait reculer pas à pas les ténèbres. Mais elle ne l'eut pas fait si elle se fut limitée, comme

____

(1) Pie XI. Encyclique *Miserentissimus Redemptor*,

le voulaient certains, à une simple action civique, mi-politique, mi-catholique, conçue comme une activité extérieure à l'apostolat de
l'Eglise, sans participation à sa vie profonde.
Il était nécessaire que l'activité tout entière
de la Fédération prit sa force à la source d'eau
vive et s'y renouvelât sans cesse. Bien mieux,
c'est dans la mesure où elle y a participé
qu'elle a pu, peut et pourra renouveler une
société attaquée jusque dans ses moelles.

Dire que ce recours aux richesses du Feu
divin a été l'objet d'un propos délibéré et
commun serait excessif. L'Esprit souffle où il
veut et l'approfondissement d'une action aussi
générale que celle de la Fédération, était inclus
dans ce qui la spécifiait : sa forme essentiellement catholique. Mieux que par un dessein
préconçu et humain, c'est par une lente et
providentielle convergence que tous les efforts
ont pris insensiblement, au fur et à mesure que
la fièvre des débuts se calmait, une forme plus
spirituelle.

Les actes communs de piété se sont multipliés. On a vu naître peu à peu et se multiplier, dans les diocèses, les organisations de
retraites fermées, pour les militants de l'Action catholique. Jusqu'au jour où l'organisation tout entière, soixante-sept diocèses représentés par près de mille délégués, dans la Basilique du Sacré-Cœur de Montmartre, a fixé son
destin en se consacrant sans réserve, par la
voix de son chef, à l'Amour divin.

Journée inoubliable (1) que celle où l'on
entendit le général de Castelnau lire au pied
de l'autel, l'acte définitif d'une consécration ‚

____

(1) Le 4 Juin 1929.

Cœur Sacré de Jésus, vous qui avez voulu révéler les désirs et les exigences de votre amour sur la terre même du royaume de Marie ; vous qui demandiez alors que la France fût la première à réparer les outrages dont vous avez été la victime depuis votre Passion, vous qui réclamiez que notre patrie vous rendit un peu de cet amour dont vous n'avez cessé de la combler, en raison même de la mission que vous lui avez confiée ici-bas.

Voici que sont réunis et prosterné devant vous les chefs et représentants des catholiques français, assemblés et organisés en Fédération Nationale Catholique, pour rétablir sur ce pays votre règne et votre paix.

Tous, les présents comme les absents, nous n'avons pas toujours été sans reproche ; nous gardons le souvenir amer de nos tiédeurs, de nos faiblesses et de nos infidélités ; nous ressentons douloureusement comme nôtres les fautes, les injures et les blasphèmes de nos frères égarés dans la voie du salut. Nous portons le poids des crimes de la nation française contre vous.

C'est donc en esprit de réparation et d'expiation que nous vous présentons aujourd'hui nos désirs, nos intentions et nos volontés, notre résolution unanime de ne jamais plus relâcher un effort commun que votre royauté sacrée n'ait été rétablie sur la France entière, ses foyers restaurés dans votre foi, les âmes de ses enfants arrachées à un enseignement sacrilège, la justice et la paix rétablies dans l'exercice de nos métiers, l'Église enfin remise en possession de toutes ses libertés essentielles, vos évêques et vos prêtres honorés, votre Vicaire aimé, respecté et obéi. Vigilants à vous écouter, attentifs à tous vos appels, nous ne reculerons plus dans ce combat pour lequel vous avez daigné nous appeler, nous réunir et nous armer.

Mais nous voulons que tout soit courbé et dévoué à votre service. C'est pourquoi nous consacrons ici, entièrement et sans réserve, nos intelligences et nos volontés, nos biens et notre vie, pour le triomphe de votre amour.

Nous les remettons à votre sainte Mère, nous les lui abandonnons, afin qu'elle les consacre elle-même à votre Cœur sacré, mieux que nous ne saurions faire ; afin que, recevant tout de ses mains, vous nous donniez, par elle, des cœurs contrits et humiliés, des cœurs purs, tout entiers passionnés de votre gloire ; des cœurs fiers et indomptables, qui ne descendent jamais ; des cœurs à l'image du vôtre, afin que son intercession nous obtienne le pardon de nos iniquités et que votre miséricorde sauve, relève et bénisse notre patrie.

Cœur Sacré de Jésus, daignez, nous vous en supplions, par l'entremise de la Vierge Marie, Réparatrice et Médiatrice, recevoir l'hommage volontaire de notre consécration : que votre amour conduise nos efforts, qu'il leur donne la sagesse et la prudence, la persévérance et la fermeté ; qu'il nous conduise tous et chacun à l'éternité bienheureuse, où vous régnez, Dieu, avec le Père et l'Esprit-Saint, dans les siècles des siècles.

Ainsi soit-il.

C'est en accomplissement d'un vœu fait par l'Assemblée générale, l'année précédente, selon lequel la Fédération Nationale Catholique, répondant à l'appel universel du Père com-

mun, doit accomplir chaque année un pèlerinage national dans la Basilique de Montmartre, que cette consécration fut faite, par la
Vierge, Mère de Dieu et Reine de France.

Tout y était inclus, tout ce que définissait le
général de Castelnau dans un discours-pro-
gramme, prononcé le même jour, où il disait :

Répandre les principes de la foi et de la doctrine
chrétienne ; relever la famille en lui restituant la loi
du Christ ; arracher l'école à un anticléricalisme
désuet ; apprendre à sanctifier le travail et le repos ;
mettre plus de justice et de charité dans les rapports
sociaux ; donner à tous une conception plus chrétienne
du travail, des droits et des obligations des travailleurs ; à tous les degrés de l'échelle sociale, apaiser,
pacifier les antagonismes que les fausses théories seules
ont parfois rendu si aigus chez nous ; conserver toujours le souci des humbles, de leurs peines et de leurs
misères, pour les servir et les soulager ; monter la
garde autour de l'Eglise, préserver nos autels des
atteintes de toute politique sectaire ; être toujours et
partout les plus attentifs aux exigences du Bien commun, les plus vigilants à le servir, ne pas oublier que
l'Etat est le seul gérant de ce Bien commun, et que,
dans nos sociétés modernes, sa tâche est lourde..

Bref, travailler par tous les moyens légitimes à la
restauration d'un ordre social, chrétien, à faire renaître
notre Patrie dans la paix du Christ, par l'union de
tous les catholiques, en dehors et au-dessus des partis
politiques, tel est notre programme, le programme
même de l'Action catholique, que nous avons reçu de
Rome.

Il n'en est pas de plus ambitieux, tellement que,
dans la société, rien ne lui est étranger et que nous
pouvons dire, gardant aux mots leur vrai sens : Tout
ce qui est social est nôtre.

Je dis programme, je vous rappelle la route à
suivre et le but à atteindre. Mais, vous n'ignorez pas
que sur le terrain des réalisations, nous ne pouvons

raisonnablement espérer brûler les étapes.. Nous lais-
serons du travail à nos fils, n'en doutez pas ; nous le
leur préparons. Mais nous leur transmettrons intactes,
avec le chemin déjà parcouru, nos ambitions intégrales que je vous résume d'un mot : La France, qui a
été chrétienne entièrement, peut et doit progressive-
ment le redevenir si nous voulons.

Ici, je vous confie un de mes sujets d'étonnement.
Nous entendons périodiquement quelques observateurs
nous inviter à la prudence en nous proposant l'argu-
mentation suivante : « La Fédération Nationale Catholique a fait son plein : elle a groupé toutes les forces
catholiques disponibles, masse importante sans doute.
mais qui n'est qu'une minorité. Il convient donc
qu'elle tienne compte des autres minorités et compose
avec elles ».

J'avoue ma surprise. Sans doute, le maintien de la
concorde et le souci du Bien commun exigent de nombreux ménagements, pour éviter de plus grands maux.
Mais si notre Action catholique est bien une collaboration à l'apostolat hiérarchique, j'aimerais qu'on nous
dise pourquoi nous devons accepter la situation présente comme définitive et qui nous interdit de vouloir
que notre Fédération s'efforce de développer l'importance de ses effectifs, après avoir gagné à sa cause les
hommes qui ne la connaissent ou ne l'ont pas adoptée
jusqu'à ce jour.

Je demande qu'on nous explique ce qui nous ôte
le droit d'espérer que, Dieu aidant. nous ne cesserons
de nous accroître, surtout à une heure où les mortels
effets produits par l'oubli de toute morale religieuse
préoccupent les milieux jusque-là profondément hostiles à la pensée catholique.

Messieurs, nous ne limitons pas si timidement nos
desseins, nous disciples, indignes sans doute. mais
disciples de Celui qui dit un jour aux douze Apôtre :
Allez conquérir le monde.

Il ne s'agit que de reconquérir, à la foi de ses pères,
la nation française, demeurée chrétienne dans son
fond. même lorsqu'elle parait oublieuse. N'en doutez

pas, Messieurs, l'acte que nous avons accompli ce matin n'a pas d'autre sens. C'est la France que nous voulons rechristianiser, non pour nous, mais pour Dieu, qui courbe les esprits superbes et ranime les cœurs attiédis, quand Il veut et comme Il veut, sans souci de nos petits calculs humains, mais en exigeant comme rançon nos très pénibles et faibles efforts.

Ainsi, sans crainte, *toujours courant après la gloire divine* (1), malgré ses soixante-dix-huit ans, le président de la Fédération Nationale Catholique ouvrait toutes grandes les portes de l'avenir.

C'est sur cet avenir qu'il convient de nous pencher maintenant.

----

(1) *Currens gloriam semper :* devise de la famille de Castelnau.

III
L'Action catholique à pied d'œuvre

...Le bras que Dieu et l'Église
donneront à l'esprit et au cœur
du prêtre.
BENOÎT XV.

CHAPITRE PREMIER

L'Action Catholique

Ce qu'est la F. N. C. nous aurions à le rechercher, si, d'un mot, alors qu'il recevait le pèlerinage de ses délégués à Rome (1), le Saint-Père n'avait fixé tous les esprits : *L'œu-de la Fédération, c'est l'œuvre même de l'Action catholique.*

Mais pour donner son plein sens à cette grave parole, replaçons-la dans son contexte :

En Notre qualité de Père Commun de tous les Fidèles, il est tout à fait bon et consolant de Nous trouver en présence d'une telle représentation si large, si grande, qui embrasse des parties si variées, si diverses, si éloignées, de notre grande famille catholique. C'est pour nous faire sentir plus profondément l'universelle Paternité à laquelle la mission de Dieu Nous a appelé. Mes chers enfants, votre pré-

---

(1) Le 11 juin 1929.

sence Nous dit quelque chose qui Nous est d'autant plus cher et plus connu. Chers enfants, Nous vous saluons ici comme d'anciennes connaissances, d'anciens amis, parce que déjà depuis longtemps Nous vous connaissons. Nous vous aimons, parce que Nous savons que vous représentez d'une façon si remarquable et si généreuse cette Fédération de Notre brave et cher Général, si beau, si noble, et travaillant de façon si supérieure à tout. Nous connaissons déjà depuis longtemps votre activité ; et votre, Notre Général, vient de Nous renseigner avec une précision qui Nous fait pénétrer plus profondément dans ce que vous faites, votre œuvre et votre activité. Nous savons combien et comment la Fédération travaille, avec quel esprit de discipline, d'union, de foi avant tout, d'où provient cette soumission filiale si féconde pour le bon succès : la soumission et l'union avec la hiérarchie et l'épiscopat.

Nous Nous réjouissons très vivement, chers enfants, de vous dire cela, parce que d'un côté, vous le savez par expérience, c'est l'union qui fait la force et c'est la discipline qui fait l'union. Vous en savez quelque chose, mon Général ; nous savons tous que votre vie a formé avant tout cette union par la discipline : c'est de là que vient la force. Nous ne perdons jamais l'occasion de dire que sur le terrain aux formalités humaines et surnaturelles où vous travaillez, nous ne ferons jamais rien sans l'union. Surtout, avant tout, à tout prix : soyez unis ; parce que c'est la condition de la force et du succès. Ce n'est pas la parole d'un homme seulement que vous entendez, fût-il le Pape, mais celle de Dieu. C'est l'une des *divines paroles du Cœur de Jésus, dans la sublime émotion et élévation des dernières paroles, Il dit : Soyez unis. Et la prière qu'Il adresse au Père pour ses collaborateurs, c'est : ut sint unum. Il ne faut jamais oublier cette partie essentielle et primordiale de votre programme.*

Il faut y ajouter l'union et la soumission à l'épiscopat, à la hiérarchie. Nous voyons votre œuvre, l'œuvre de la Fédération avec une confiante prévision. L'œuvre de la Fédération, c'est l'œuvre même de l'Action catholique. Qu'est-ce que l'Action catholique doit faire pour être quelque chose et pour exister ? Elle doit être avant tout une vie catholique. Or, à cette action, à cette vie, l'union, la soumission à la hiérarchie est essentielle et dans la nature des choses, parce que c'est la coopération du laïcat à l'œuvre apostolique, à l'œuvre de l'apostolat proprement dit, comme les Evêques sont les successeurs des Apôtres. Alors, le côé le plus divin, le plus glorieux, le plus charmant aussi pourrait-on dire, de l'Action catholique actuelle, c'est qu'elle est le renouvellecmnt et la continuation de ce qui a été aux premiers jours du christianisme et de la proclamation première du royaume de Notre-Seigneur.

Tout bien précisé ainsi, il faut dire ce qu'est cette Action catholique, si chère au Souverain Pontife et dont la pleine compréhension est indispensable au temps présent.

L'Eglise et l'Action catholique

L'Etat ou la nation n'est que la réunion ou la somme des familles et des individus, liés par l'unité du Bien commun temporel ; la famille est avant lui, la société des familles lui est préexistante, le pouvoir, l'autorité à qui tous se soumettent ne vient qu'ensuite, établi sur l'ensemble de la cité, au moins par le consentement tacite de tous les citoyens ; dans la nation, la vie, l'activité vient d'en bas, l'Etat n'est que le coordonnateur de l'ensemble, le gérant d'un Bien commun qu'il ne crée pas, qui naît de l'activité des citoyens, mais qu'il peut développer avec le concours de tous, grâce au lien d'unité qu'il établit. Dans l'Eglise, au contraire, tout vient d'en haut ; elle assure la communication d'une vie divine, la transmission d'un Bien commun surnaturel, qui s'alimente en Dieu.

Autour du Christ, toujours présent, source et principe de vie, ses envoyés, les apôtres, dont il dit : « Je connais ceux que j'ai choisis... » et encore : « Qui reçoit celui que j'envoie, me reçoit moi-même ; et qui me reçoit, reçoit Celui qui m'a envoyé. » Or, ceux qu'il r vie, ce sont toujours Pierre et les autres apôtres. Pierre, c'est-à-dire son Vicaire, Souverain Pontife et Evêque, chef de l'Eglise universelle. Les autres apôtres, c'est-à-dire les Evêques, chefs des Eglises particulières que nous appelons diocèses. Toute l'Eglise, icibas, est en eux.

Chaque Eglise particulière, pasteurs et fidèles, est constituée par l'épiscopat de son évêque, point d'insertion par où toute la vie divine est communiquée. C'est par l'évêque que l'Eglise particulière reçoit *tout* ce qui appartient à l'Eglise universelle, l'action du Christ, la parole du Christ, son Sacrifice, son

Corps et son Sang, son Esprit, ses sacrements : dans l'évêque, c'est Jésus-Christ Lui-même qui est le pasteur. Le sacerdoce des prêtres n'est autre que le sacerdoce de l'évêque, un sacerdoce communiqué qui vient de l'épiscopat. Au sacre d'un évêque, le consécrateur étend l'onction sainte sur la tête d'abord, puis sur les mains du consacré ; il prend ensuite le livre des Evangiles que l'on a ouvert sur la tête et les épaules du nouvel évêque et le lui remet fermé, disant : « Recevez l'Evangile et allez l'annoncer au peuple dont vous être chargé... » Les mains seules du prêtre sont ointes par l'évêque, et, auparavant, ces claires paroles ont été dites : « Père tout puissant... donnez-leur de devenir les dignes coopérateurs de notre ministère... » Ainsi l'évêque rend-il les mains du prêtre semblables aux siennes, les appelant aux mêmes œuvres saintes, les consacrant comme une extension de lui-même. Le prêtre tient donc tous ses pouvoirs de l'évêque, qui lui reste supérieur, non en ce qui touche à la consécration du corps réel de Jésus-Christ dans l'Eucharistie, mais en ce qui touche au Corps mystique du même Christ, aux prêtres et aux fidèles, en vue duquel le pouvoir épiscopal a été constitué, non par les hommes, mais par le Christ même.

Et lorsqu'il s'agit de confirmer les fidèles, baptisés, enseignés, absouts et communiés par les prêtres, c'est de la main de l'évêque qu'ils recevront ordinairement le sacrement de la virilité chrétienne, la plénitude des dons de l'Esprit Saint.

Telle est l'Eglise diocésaine, greffée sur le Christ même, par l'Evêque qui est sa tête et

son principe. Par l'évêque, entièrement dépen-
dant du Christ et de son vicaire, entouré de
ses coopérateurs, les prêtres consacrés, mais
non consécrateurs, participant au sacerdoce
de l'épiscopat, revêtus de son signe sacré, mais
ne le communiquant pas. Dans cette effusion
de vie divine, de grâces et de dons qui descend
du Christ aux fidèles par cette hiérarchie, et
qui, des fidèles, par la prière et l'apostolat
remonte à Dieu, rien n'est possible, ici ou là,
qui ne retentisse sur l'ensemble.

Il fallait montrer d'abord, au moins dans
une ébauche, la véritable nature de l'Eglise,
pour faire comprendre nettement ce qu'est
l'Action catholique, que nous allons voir se
dégager peu à peu comme un prolongement
laïque de son apostolat hiérarchique, prenant
sa vie, non pas humaine mais divine, dans
chaque diocèse, à la même source que l'Eglise
particulière, c'est-à-dire en l'épiscopat. Il n'y
a pas, il ne peut pas y avoir d'Action catholique en rupture avec la Hiérarchie ecclésiastique : une telle action, ne conservant que le
fragile secours des prières individuelles, privée du puissant influx de grâce qu'elle ne peut
trouver que dans sa participation à l'épiscopat, une telle action se stériliserait elle-même.
Il ne s'agit pas, nous le verrons bientôt, d'une
aliénation totale des initiatives laïques, dont
la direction complète passerait entre les mains
de l'évêque et de son clergé : il s'agit de comprendre que l'Action catholique doit s'unir
étroitement à la mission même de l'Eglise,
« inséparablement associée à ses divins
devoirs, au point d'être considérée, elle aussi,

comme universelle, grâce à l'universalité de la vérité qu'elle sert et du bien qu'elle poursuit dans le monde entier » ; (1) en sorte que cette action reçoit « le même et immense domaine que l'Eglise, les mêmes fins, la même force surnaturelle ne visant qu'au salut des âmes ; étroitement unie à son magistère, participant à son apostolat. » (2) Qui ne vivra pas de l'Eglise, dans l'Eglise et par l'Eglise, connue et aimée dans la réalité divine, qui ne saura voir continûment les cieux ouverts au-dessus d'elle et le Fils de l'homme debout à la droite de Dieu, ne sera jamais, dans l'Action catholique, qu'un médiocre apôtre.

Car cette Action catholique n'est pas une nouveauté — Pie XI ne cesse de le redire — mais le retour à la vie chrétienne normale, qui est une vie sociale, la rupture définitive avec la misère du siècle passé, si peu chrétien, si profondément entamé par le matérialisme et le laïcisme, que des catholiques même avaient consenti à étouffer leur foi religieuse dans le privé, à l'y cacher comme une conception tout individuelle de la vie, qui n'avait pas à se communiquer. L'histoire dira simplement, à cet égard, comment la foi intrépide de Pie XI, menant au terme une lente évolution préparée par les Pontifes qui l'ont précédé, aura res-

----

(1) *Osservatore Romano*, 5 janvier 1929. Nous suivons dans ces pages, comme il est imposé, la lettre *Quae nobis* sur l'Action catholique, envoyée par S. S. Pie XI, le 13 novembre 1928, au cardinal Bertram, et les commentaires autorisés parus dans l'*Osservatore Romano*, du 30 décembre 1928 au 19 janvier 1929. Une traduction de la lettre *Quae nobis* et de ces commentaires a été publiée dans une brochure éditée par la Documentation catholique.

(2) *Osservatore Romano*.

titué, à tous les esprits, le vrai visage de l'Eglise, pour la réinstaller tout entière, avec sa Hiérarchie et son peuple agissant, dans la vie des nations qu'elle pénètre, sous nos yeux, et transforme plus vite sans doute que nous ne pensons. Le premier Pierre, dans l'Eglise naissante, disait à tous : « Mais vous, vous êtes une race choisie, un sacerdoce royal, une nation sainte, un peuple acquis pour annoncer les perfectios de celui qui vous a appelés à son admirable lumière »... et la communiquer. Le successeur de Pierre, en ce temps, rappelle inlassablement que le sacerdoce royal des catholiques demeure, qu'ils en sont toujours revêtus, non pour s'en glorifier vainement, mais pour comprendre enfin quelle responsabilité pèse sur eux, comment ils se doivent à leurs frères, les comptes qui seront demandés à ceux qui, portant la lumière en eux, l'auront tenue sous le boisseau.

Le chrétien une fois formé, disait Pie XI dans son audience privée, doit répandre au dehors la vitalité qu'il a reçue. Il doit porter partout ce trésor du christianisme et le faire valoir sur tous les champs d'action, dans la famille et dans la vie publique. Car ce que nous voulons, c'est que le Christ règne sur terre comme au ciel et que son règne sur le monde devienne effectif (1).

Les fins de l'Action catholique.

Le Souverain Pontife a défini lui-même vingt fois ce que doit être l'Action catholique. Retenons, de ces définitions, la plus complète :

____

(1) Cité par M. l'abbé Maquart dans : la Mission sociale de l'A. C., *Vie intellectuelle*, mai 1929.

La participation des laïques à l'apostolat hiérarchique,
pour la défense des principes religieux et moraux,
pour le développement d'une saine et bienfaisante action sociale sous la conduite de la hiérarchie ecclésiastique,
en dehors et au-dessus des partis politiques,
afin d'instaurer la vie catholique (1).

Il est suggestif de rapprocher cette formule de celle que Pie X donnait, en 1905, et que le général de Castelnau reprenait devant la première assemblée générale de la F. N. C. :

L'Action catholique a pour but :

de combattre par tous les moyens justes et légaux la civilisation antichrétienne ; réparer par tous les moyens les désordres si graves qui en dérivent ;

replacer Jésus-Christ dans la famille, dans l'école, dans la société ;

rétablir le principe de l'autorité humaine, comme représentant celle de Dieu ;

prendre vraiment à cœur les intérêts du peuple, et particulièrement ceux de la classe ouvrière et agricole ; non seulement en inculquant au cœur de tous le principe religieux, seule source vraie de consolation dans les angoisses de la vie, mais en s'efforçant de sécher leurs larmes, d'adoucir leur peines, d'améliorer leurs conditions économiques par de sages mesures ;

s'employer par conséquent à rendre les lois publiques conformes à la justice, à corriger ou à supprimer celles qui ne le sont pas ;

défendre enfin et soutenir avec un esprit vraiment catholique les droits de Dieu en toutes choses et les droits non moins sacrés de l'Eglise (2).

----

(1) Lettre à la présidente de l'Union internationale des Ligues féminines catholiques, 30 juillet 1928.
(2) Encyclique *Il fermo proposito* sur l'Action catholique.

Bref, disait Pie X, *tout restaurer dans le Christ* ; ce que Pie XI traduit par sa formule chère : *La paix du Christ dans le règne du Christ*, rappelant — car les temps sont venus — que ce Christ est Roi. Au nom de quoi le Père commun appelle tous les catholiques et leur restitue ces titres de noblesse spirituelle qu'il faut entendre hardiment, tant ils nous font pénétrer au sein même de l'Eglise, dans son mystère, dans les secrets de sa vie divine. Ecoutons-le.

De nos jours, surtout, alors que l'intégrité de la foi et des mœurs est chaque jour plus menacée et que les prêtres, en raison de leur petit nombre, *sont absolument impuissants à satisfaire aux besoins des âmes*, c'est le moment de faire appel à l'Action catholique, *qui aidera à combler les vides dans les rangs du clergé en multipliant les collaborateurs parmi les laïques...* elle est un véritable apostolat auquel participent les catholiques de toutes les classes sociales, en venant s'unir par la pensée et par l'action aux centres de saine doctrine et de multiple activité sociale, centres légitimement constitués et *recevant par conséquent l'assistance et l'appui de l'autorité des évêques* (1).

En sorte que :

ne différant pas de la divine mission confiée à l'Eglise et à son apostolat hiérarchique, cette action catholique n'est pas d'ordre temporel, mais *spirituel*, ni d'ordre terrestre, mais *divin*, ni d'ordre politique, mais *religieux*.

Elle devra être une action universelle et concordante *de tous les catholiques sans exclusion d'âge, de sexe, de condition sociale, de culture, de tendances nationales et politiques*, pourvu que ces dernières ne

____

(1) Lettre *Quae nobis*.

s'écartent en rien de la doctrine évangélique et de la loi chrétienne... bref, une action qui embrasse tout l'homme, dans la vie privée comme dans la vie publique, en lui assurant une meilleure formation religieuse ou civique, c'est-à-dire une piété solide, une connaissance profonde de la vérité religieuse, une vie d'une intégrité parfaite, *toutes vertus dont la privation ne permettrait pas d'exercer avec fruit l'apostolat hiérarchique* (1).

Comprenons sans timidité : avec l'assistance et l'appui des évêques, aider à combler les vides dans les rangs du clergé, pour une action qui ne diffère pas de la divine mission confiée à l'Eglise, qui doit susciter dans les âmes un esprit digne d'elle, mais à laquelle ne saurait manquer sans dommage la préparation spirituelle et la vertu nécessaires... (2). En vérité, lorsque le Père commun, et par lui, et avec lui, tous les évêques du monde, se tourne vers les catholiques, pour leur dire ainsi : « Nous portons le trésor du ciel ; aidez-Nous à le porter ! » lorsqu'il demande à tous de faire renaître le Christ en eux pour transmettre et communiquer la lumière qu'ils recevront de Lui, c'est Jésus lui-même que nous entendons, rassemblant tous les siens, les armant, pour guérir l'humanité inquiète, douloureuse et égarée ; et pour confier à ses fidèles une telle plénitude d'apostolat qu'invin-

(1) Lettre *Quae nobis.*
(2) Une formation spirituelle complète, résultant d'une profonde connaissance de Jésus-Christ, de sa doctrine et de sa loi, *de la pratique assidue et sentie d'une vie d'intimité avec Jésus,* spécialement par une grande dévotion à l'Eucharistie, est une condition *sine qua non* pour les militants de l'Action catholique, spécialement pour ceux qui ont responsabilité de direction (Direction et programme de l'Action catholique italienne, I, 3°)

ciblement la pensée évoque les diacres et les
sous-diacres auxquels l'évêque confiait jadis
le soin du peuple (1).

Nous n'ignorons pas que ces affirmations
surprennent encore ici et là, mais comment
oublier les graves paroles du Père commun
lui-même, disant que les apôtres de l'Action
catholique « sont appelés à cette fonction par
une grâce toute particulière de Dieu, et que
cette vocation n'est pas tellement éloignée de
la mission sacerdotale » ? (2).

A cette Action catholique, il va sans dire,
une organisation, une Hiérarchie propre est
indispensable : « dans l'économie de toute
activité, de tout travail humain en commun,
la nécessité d'une force centrale et unique,
mais pourvue d'une autorité législative et
disciplinaire, est une vérité indiscutable...
Ce principe élémentaire, la tendance de tous à
l'appliquer soutiendront, dans l'Action catholique — et c'est une de ses caractéristiques —
l'adhésion intime à la Hiérarchie ecclésiastique qui la fait participer une nouvelle fois au
mouvement éminemment concentrique qui va
des paroisses aux cathédrales, des curés aux
évêques, de la périphérie au centre, aux som
mets par-dessus lesquels brille, comme une
étoile fixe, et pour tous, la primauté de

---

(1) L'esprit se prépare à descendre sur ceux qui, les
premiers, doivent, sous toutes le latitudes, au milieu de
tous les peuples, plus ou moins lointains, plus ou moins
variés, dans toutes les langues, en face de tous les
genres de vie, prêcher le même Verbe, créer la mêm
vie, vivifier les mêmes vertus, ouvrir les mêmes horizons,
indiquer les mêmes voies, sans cependant que l'unique
Lumière reflète partout des couleurs identiques...
(*Osservatore Romano* 5 janvier 1929).
(2) Lettre à S. E. le cardinal Van Roey.

Rome » (1). C'est dire que l'organisation de l'Action catholique doit suivre celle de la Hiérarchie ecclésiastique : unions paroissiales auprès des curés, unions cantonales ou décanales auprès des doyens, comité diocésain dirigeant l'Union diocésaine auprès de l'évêque. Enfin, nécessité d'une direction, nationale ou régionale selon les nations ; organe directeur central qui, disait son S. E. le cardinal Gasparri, dans une lettre du 23 octobre 1923, doit avoir « en face des diverses associations, un rôle élevé et d'autorité, car c'est seulement de la sorte que les énergies de tous les catholiques auront une direction et une impulsion unique » ; directions centrales ou diocésaines qui, précise encore le Saint Père (2), sont « elles-mêmes dirigées, assistées par la hiérarchie, par le Saint-Siège, par le Pape », car « on ne pourrait même les concevoir privées de ce cadre simple et visible ». D'un trait de lumière, Pie XI fixait mieux encore les esprits, en ajoutant : « Le Pape qui dirige est lui-même dirigé ; il est assisté par le Fondateur même de l'Eglise, qui toujours demeure le vrai pilote de la mystique nacelle ».

L'Action catholique, ayant une nature propre et une fin particulière, doit avoir également son organisation spéciale, unique, disciplinée et coordinatrice de toutes les forces catholiques ; en sorte que chacun, pour sa part, garde et exécute scrupuleusement les obligations et les missions qui lui ont été

____

(1) *O. R.*, 12 janvier 1929.
(2) Allocution prononcée le 16 mai 1926, devant les Comités diocésains d'Italie.

confiées, et que tous ensemble agissent de façon convergente et harmonieuse, sous une juste dépendance de l'autorité ecclésiastique » (1).

**

Il importe de bien préciser ici un point particulièrement délicat dans l'organisation de l'Action catholique. Elle est une organisation de laïques, avec une certaine autonomie, mais sous le contrôle de la Hiérarchie. Elle ne prendra pas, dans cette Hiérarchie, le chef de l'Union diocésaine, lequel normalement doit être un laïque comme les chefs des Unions paroissiales, non sans que tous cependant ne trouvent dans l'épiscopat leur centre disciplinateur. « Si donc, l'Action catholique est essentiellement une action des laïques au secours de l'Eglise, il s'en déduit que les laïques et particulièrement les dirigeants, dans l'exercice de leur fonction et dans l'exécution du programme ont une responsabilité qui leur est propre... L'Autorité ecclésiastique ne se substitue pas aux organes compétents en tout ce qui concerne les dispositions organisatrices et l'activité générale. Sans doute, les organes centraux dirigeants doivent tenir compte des difficultés spéciales de milieu ou de diocèse, que l'Autorité ecclésiastique peut justement relever çà et là... de même, s'il ne s'agit pas d'actes de la vie ordinaire, mais de choses qui revêtent une certaine gravité, ils ne prendront pas de mesure sans accord avec l'Autorité ecclésiastique » (2). Mais, sous

____

(1) Pie XI : lettre au Cardinal archevêque de Tolède.
(2) Directives et programme de l'Action catholique italienne.

réserve de cet accord indispensable, de ce conseil inspiré et nécessaire, les laïques agis-sent ou exécutent sous leur responsabilité.

La direction centrale tiendra compte des particularités propres à chaque diocèse, ou laissera, comme dans le cas de la F. N. C., nous l'avons vu, chaque Comité diocésain adapter le programme et les décisions géné-rales aux circonstances locales. Le Comité diocésain à son tour veillera au maintien d'une suffisante liberté d'ajustement aux Comités cantonaux et aux Unions paroissiales. A tous les échelons, la liaison établie avec l'Autorité ecclésiastique assurera à celle-ci la permanence de ses lumières, de ses décisions ou parfois de son opposition. Mais dans cette organisation, très souple on le voit, sera main-tenu le caractère laïque de l'Action catholique, exercée par des laïques, sous leur propre res-ponsabilité. De règle pour définir ces rapports et ces relations, il n'en est pas, ou, plus, exac-tement, il n'en est qu'une : l'esprit de foi. Tout chef, à quelque échelon qu'il soit placé, avant compris ce qu'est la vie divine de l'Eglise et comment l'Action catholique se greffe sur elle, saura que son activité prend au sacerdoce et à l'épiscopat l'influx divin qui la rend féconde. Par là, tout devient aisé et comme naturel ; hors cela, il n'y a pas d'issue, ni même aucune efficacité vraie à espérer.

Réciproquement d'ailleurs, comprenons-le, le prêtre qui connaîtra l'Action catholique et le secours qu'elle lui apporte, qui jugera des hommes et de leur activité dans l'esprit de son sacerdoce, ne se méprendra pas sur la valeur surnaturelle — la seule qui compte —, des laïques qui l'entourent, sur la fidélité des

uns et des autres aux motions de l'Esprit
Saint, sur la part plus ou moins large d'initiative qu'il pourra en conséquence leur laisser, dans une action qui s'entremêle à la vie
religieuse de la paroisse ou du diocèse. Enfin,
mieux que quiconque, le prêtre discerne ce qui
lui revient de faire et ce qu'il doit laisser
faire, ce qu'il doit surveiller de près ou ce
qu'il convient simplement qu'il conseille.

Les rapports de l'Action catholique et des autres associations.

« Toute activité sociale doit se coordonner
à l'Action catholique, si elle ne veut pas s'exposer au danger de rendre son œuvre stérile,
sinon même perturbatrice et dangereuse. » (1)
Elle s'y coordonne, sans se confondre avec
elle. L'Action catholique ne constitue pas, en
effet, une forme exclusive et spéciale d'action :

Bien au contraire, elle *met en valeur et dirige vers
l'apostolat social toute œuvre et toute association*,
principalement religieuse, soit qu'elles s'appliquent
de préférence à la formation de la jeunesse et au progrès de la piété chrétienne soit qu'elles aient un but
de nature civique ou économique. De plus, par la
sage répartition du travail et des forces que procure
à l'Action catholique *l'unité harmonieuse de direction*
qu'elle porte en elle-même et *par laquelle sont régis
les divers éléments de toute la masse*, telles que les
associations d'hommes, de femmes de jeunes gens de
l'un et l'autre sexe, cette Action catholique profitera
des fruits que les associations religieuses ou économiques peuvent donner, en même temps qu'elle ne manquera pas de leur apporter son appui et d'assurer leur
progrès : car entre toutes elle maintient une bienveil

---

(1) Cardinal Gasparri, lettre du 2 octobre 1923.

lance réciproque et garantit la cordialité de leurs rapports ; elle encourage une mutuelle collaboration au grand avantage de l'Église et de la société humaine, comme on le devine aisément (1).

De là se déduisent les rapports de l'Action catholique avec les autres formes d'action des catholiques, avec les autres associations qui doivent collaborer avec elle sans perdre leur autonomie.

1. — *Les associations religieuses.* — L'Action catholique n'est pas une congrégation de laïques, ni une confrérie religieuse. Il est fait un devoir aux catholiques, nous l'avons vu, de participer à l'Action catholique, c'est un devoir, également, qui revient aux prêtres de l'inspirer, et quand il est nécessaire, de la diriger. « Cette tâche, dit Pie XI dans l'encyclique *Ubi arcano Dei,* peut paraître difficile aux pasteurs et aux fidèles : elle n'en est pas moins nécessaire et il faut la ranger *parmi les devoirs primordiaux du ministère pastoral et de la vie chrétienne* ». Les associations purement religieuses, au contraire, ne sont jamais recommandées qu'au titre du conseil.

De là vient que ces associations, tiers-ordres, confréries, etc., doivent seconder l'Action catholique, lui apporter l'appoint de leurs membres, en faisant comprendre à ceux-ci le concours qu'elle attend d'eux ; coopérer enfin à la formation religieuse des militants de l'Action catholique, dans la mesure où elles le peuvent, sans oublier que la formation spéciale qui est nécessaire ne sera achevée que par l'Action catholique elle-même.

---

(1) Pie XI. lettre *Quae nobis.*

Réciproquement, l'Action catholique doit recommander les associations religieuses afin que chacun y trouve l'aliment spirituel utile à son apostolat.

Il faut convenir qu'en France, les rapports de l'Action catholique avec les associations religieuses sont à organiser entièrement. Rapports souhaitables, nécessaires, puisque l'Action catholique est l'apostolat hiérarchique qu'elle prolonge dans la Société, « le bras que Dieu et l'Eglise donnent à l'esprit et au cœur du prêtre » ; elle est dans l'Eglise, de l'Eglise et par l'Eglise : nul ne doit oublier.

2. — *Les associations économiques.* — Les rapports de l'Action catholique avec les associations économico-sociales sont plus complexes à définir.

Il est évident que l'Action catholique n'a pas à créer ordinairement, encore moins à prendre la charge d'organisations économiques, corporations, syndicats ou autres. Toutefois, « étant donné que ses fins ont en vue non pas seulement l'ordre spirituel, mais encore *l'ordre social* — reflet et auxiliaire humain de l'ordre religieux — elle s'en préoccupe, elle y collabore, elle ne s'en désintéresse pas, elle ne le déserte pas, ce qui serait le saper et le détruire, puisqu'elle l'abandonnerait aux théories et aux forces subversives. Elle agit, mais en respectant la distinction providentielle des différents domaines, des différents pouvoirs et de leurs fins respectives... (1) »

« Les associations qui, conformant leur activité au programme moral et religieux de l'Ac-

____

(1) *Osservatore Romano*, 17 janvier 1929.

tion catholique, déploient cette activité directement dans le domaine économique et professionnel, portent seules, pour ce qui regarde
les intérêts purement économiques, la responsabilité de leurs initiatives et de leurs actes,
mais, pour la partie religieuse et morale, dépendent de l'Action catholique à laquelle elles
doivent servir de moyen d'apostolat. » (1)

La raison évidente est dans les rapports
étroits de l'économique et du moral, affirmés
si hautement encore par la récente lettre de la
S. Congrégation du Concile sur les syndicats
chrétiens, dans l'obligation impérieuse qui
entraîne l'Action catholique à intervenir, au
moins par son conseil et son assistance, lorsque le moral et, par conséquent, le religieux
sont en cause.

On comprendra ainsi que l'Action catholique peut déterminer la création d'associations
économiques, lorsqu'un intérêt spirituel les
requiert, comme il est arrivé pour la F. N. C.,
provoquant l'organisation d'une mutualité
devant les assurances sociales, afin de donner
un abri sûr aux travailleurs catholiques, et
parce qu'elle seule le pouvait faire. De même,
le cas échéant, l'Action catholique pourrait-elle
susciter la naissance de syndicats ou de corporations, ce qui n'entraînerait pas qu'elle
assumerait, dans l'avenir, la charge de leur
gestion, non plus que la F. N. C. n'entend
gérer elle-même les futures caisses d'assurances.

Mais ce qui revient toujours à l'Action
catholique, c'est de fixer, pour tous, les gran-

____

(1) Pie XI : lettre au Cardinal archevêque de Tolède.

des lignes d'un programme social, dans la mesure où celui-ci intéresse la morale et la religion. Et donc :

Elle ne peut se désintéresser de la préparation spirituelle et morale des dirigeants et organisateurs des associations économiques ;

Elle doit rappeler, aux catholiques, les principes de l'ordre social chrétien, si une association quelconque vient à s'en écarter ;

Ses Comités diocésains doivent surveiller l'application des principes et des directives générales dans les organisations économiques et seconder la préparation spirituelle et morale de leurs membres (1).

Ces associations économiques, par contre, qui doivent être essentiellement catholiques, totalement indépendantes des partis politiques, restent organiquement et techniquement distinctes de l'Action catholique.

Par l'harmonieuse unité de directives que l'Action catholique porte en elle-même, elle profite « des fruits que les associations religieuses ou économiques peuvent donner, en même temps qu'elle ne manquera pas de leur apporter son appui et d'assurer leur progrès ; car entre toutes, elle maintient une bienveillance réciproque et garantit la cordialité de leurs rapports ». (2)

3. — *L'action politique*. — « L'Action catholique n'interdira pas à ses adhérents une participation aussi étendue que possible à la vie publique ; bien au contraire, elle les rendra

_____

(1) Cf. *Directives et programme de l'Action catholique italienne : l'activité économico-sociale des catholiques.*

(2) Lettre *Quae nobis*.

plus aptes à remplir des fonctions publiques
grâce à une sévère formation à la sainteté de
la vie et à l'accomplissement des devoirs chrétiens (1) ».

Ce n'est pas dire qu'elle participe si peu
que ce soit à la vie des partis : elle agit en
dehors et au-dessus d'eux, sur un autre plan,
sans rencontre possible. Ces fonctions publiques, dans la mesure où elles sont politiques,
intéressent la gestion de l'État et non l'activité des partis : il en est de même pour l'activité politique propre à l'Action catholique.
Car elle a sa politique. *Celle qui touche à
l'autel...* Elle ne poursuit pas la politique d'un
parti et ne veut pas être un parti politique,
mais, dit encore le Saint Père : « quand la
politique touche à l'autel, alors... le Pape, le
clergé, le laïcat catholique semblent faire de
la politique, en réalité, ils ne font que de la
religion. Nous ne faisons que de la religion,
nous ne faisons que la défendre, toutes les
fois que nous combattons pour la liberté de
l'Église, pour la sainteté de la famille, pour la
sainteté de l'école, pour la sanctification des
jours consacrés à Dieu. Dans tous ces cas...
c'est la politique qui s'en est pris à la religion,
qui s'en est pris à l'autel (2).

Dans les partis enfin, où les catholiques
peuvent entrer librement, l'Action catholique
guidera toujours ses militants par les lignes
fondamentales de son programme et par son
esprit. Elle a le droit de fixer ces lignes fondamentales, même dans les problèmes politiques

------

(1) *Ibid.*
(2) *Osservatore Romano*, 17 Janvier 1929.

et dans la mesure où ils intéressent la morale
et la religion ; de rappeler les vrais principes
chrétiens aux partis qui s'en éloignent. Elle
peut entrer directement en relation avec les
pouvoirs publics, au-dessus des partis, pour
leur soumettre ses revendications. Mais elle
ne saurait permettre à ses dirigeants d'assu
mer une responsabilité dans l'activité d'un
parti politique quelconque : ils sont à l'Eglise,
pour une œuvre que la compromission avec un
parti ternirait. Qui dit parti, dit nécessairement division : l'Action catholique unit.

CHAPITRE II

La F. N. C. et l'Action catholique

Il reste et il restera toujours des perfectionnements à poursuivre, le jeu des articulations
pourra être amélioré, nous gagnerons surtout
à pénétrer de mieux en mieux le rôle de l'Action catholique, sa mission, son magistère et
sa liaison essentielle avec la Hiérarchie. En
fait cependant, l'Eglise de France dispose
d'une organisation d'Action catholique, vivante et qui a fait ses preuves. Aucun fidèle ne
peut l'ignorer, nul ne doit lui refuser son
concours au moment où la F. N. C. aborde les
tâches les plus lourdes et ardues qui s'imposaient à elles : restaurer la famille française
et promouvoir une solution de la question scolaire. Deux fins que l'Action catholique seule
peut atteindre.

Parmi ceux qui conservent le souci de la
prospérité française et qui donnent une attention vigilante et inquiète à tout ce qui la
menace ou pèse sur elle, comme à l'ébranlement profond de notre ordre social, il en est
peu, en dehors des catholiques, qui savent
retrouver toutes les conditions d'une restauration.

On voit bien la misère de la famille française, amoindrie par l'ébranlement de l'autorité paternelle, qui reçoit plus de démentis que
d'encouragements et de confirmations — disloquée non seulement par le divorce, mais par
les mœurs relâchées que ses facilités encouragent — privée souvent d'un vrai foyer, lorsqu'elle n'est pas mise au régime du taudis —

inféconde de plus en plus, tant en raison des difficultés de la vie matérielle que de l'égoïsme et des appétits de jouissance qui gagnent les âmes de proche en proche — pillée par l'Etat, dès qu'elle possède quelques biens, par un prélèvement excessif fait à chaque succession, par le couperet du partage forcé, qui, à chaque génération, divise ce que le travail heureux d'une père a réussi à constituer, à moins que les enfants ne réagissent d'eux-mêmes contre une législation anti-sociale, contraints souvent de recourir à la ruse pour maintenir un patrimoine, sur lequel l'Etat n'a aucun droit. Voyant ces désordre, on s'accorde sur les remèdes immédiats, particuliers à chaque cause. On semble moins attentif par contre à la racine commune de tous ces maux, qui est dans une conception fausse de l'homme et de la société ; on agit comme le médecin qui soignerait des plaies extérieures, combattrait la fièvre et la fatigue, sans prendre garde aux lésions d'un organe central provoquant tous ces symptômes.

Encore moins est-on suffisamment préoccupé des ravages accomplis chaque jour par le moins humain et le plus anti-français des enseignements, celui de l'école primaire. Une école qui ôte de l'esprit des enfants toute connaissance même lointaine de la doctrine catholique consubstantielle à l'âme française qu'elle a faite, comme l'Eglise elle-même a élevé la France au berceau ; qui prend ses inspirations en terre étrangère, au kantisme allemand ou aux doctrines cosmopolites de Durkheim ; qui substitue à l'enseignement des réalités, à la formation du bon sens, le pédantisme de théories, si fragiles, qu'il faut les modifier tous les dix ans ; qui coupe l'histoire de France en deux tronçons et n'a que haine, mépris ou indifférence pour tout ce qui précéda une mythique révolution ; qui donne les mêmes leçons aux habitants des villes et aux habitants des campagnes, insoucieuse des hautes leçons de la terre française, dont le pays entier vit encore. Une école enfin que la faiblesse de l'Etat laisse envahir par les hérésies socialistes et communistes, dans laquelle des instituteurs fonctionnaires sont entraînés de plus en plus, par des organisations syndicales d'origine maçonnique, à se dresser contre les pouvoirs publics, à refuser l'obéissance, à imposer même leur volonté. Voilà le ver dans le fruit, ce qui commande la subversion des âmes, la désorganisation des futurs foyers, des métiers et de la société tout entière, contre quoi devraient être unis, non seulement les catholiques, directement menacés parce qu'ils sont les apôtres de la liberté devant un aussi odieux asservissement, mais tous ceux qui gardent simplement au cœur l'amour de leur patrie, que le Saint Pape Pie X appelait déjà à se dresser contre un danger si menaçant.

*

Quelques contacts, un souci de sérieuse information feraient vite comprendre à tous que l'Eglise seule propose une définition de l'ordre social, une hiérarchie des devoirs et des droits, une notion transcendante de la personne humaine, bien faites pour échapper par en haut aux erreurs et aux confusions qui empoisonnent les sociétés modernes.

Qu'on laisse, en effet, aux hommes une liberté effrénée qui fait le jeu des plus forts, ou une égalité chimérique, qui asservit à l'Etat chargé de l'imposer malgré tout, qu'on incline au libéralisme ou au socialisme, on prend l'homme comme un individu, une unité entre les autres, le considérant par ce qui l'individualise : le corps et les particularités de l'âme qui viennent de la race, du tempérament, du sexe, des qualités naturelles, bref par sa nature inférieure. De là vient que l'individualisme n'a souci que de la condition naturelle des individus ou de leur formation intellectuelle inférieure.

L'Eglise démontre, au contraire, que l'homme est avant tout une personne, un tout complet, autonome, maître de ses actions, parce que raisonnable, c'est-à-dire une intelligence armée de volonté ; ensemble si éminemment supérieur à la nature créée que le bien d'une seule personne humaine surpasse toutes les créatures matérielles réunies. Aussi l'Eglise enseigne-t-elle que si l'Etat a le droit de se soumettre les citoyens, en tant qu'individus et au nom du Bien commun dont il est le gérant, il est lui-même soumis complètement, ordonné au bien général de la personne humaine, qu'il doit servir. Là où ce bien ultime est méconnu, plus rien ne tient dans la Cité : l'individu est foulé aux pieds, s'il n'a les moyens de se défendre lui-même ; les familles ouvrières, toujours livrées sans défense, privées d'aliments spirituels, confinées dans une vie tout matérielle, quasi-bestiale, s'épuisent, et tout le corps social avec elles, dont elles constituent la majeure partie ; ce sont les puissants qui l'écrasent, si la licence leur est donnée, c'est l'Etat qui les exploite et les asservit si le socialisme est roi.

L'ordre social fondé sur le bien de la personne humaine ne prend pas ses règles si bas. Si la vie sociale est nécessaire à l'homme, c'est parce qu'il est doué de raison et qu'il a besoin, pour sa bonne vie d'un complément, d'un enrichissement, d'une discipline qu'il reçoit d'autrui. Enfant et dénué de tout, père ou mère de famille, il prend au Bien commun tout ce qu'il ne trouve pas au foyer. La famille elle-même, cellule-mère de la société, chargée de l'alimenter en personnes humaines, d'entretenir et d'accroître par son travail les richesses intellectuelles et matérielles, la famille subit en grande partie l'influence du corps social, elle bénéficie directement ou elle souffre de la force ou de la faiblesse des lois qui doivent avant tout réprimer le mal et favoriser la vertu. En bref, l'homme n'est vraiment homme que lorsque, ses passions apaisées, la raison domine en lui, lorsqu'il est maître de soi, c'est-à-dire vertueux ; mais sa faiblesse naturelle exige que, dans la famille et dans la société, il trouve cette régulation supérieure des appétits, ce règne de la justice qui lui sera une défense contre lui-même, toujours enclin à se relâcher.

L'ordre social qui ne se définit pas au niveau de ces hautes règles de la vertu, qui ne tend pas à assurer un bien de pleine suffisance pour la bonne vie humaine, bien moral avant tout, qui ne tient pas les biens matériels nécessaires pour biens seconds requis à l'exercice de la vertu, n'est pas un ordre humain. Il bestialise les hommes dans la mesure où il s'éloigne de cette norme, seule digne de l'homme.

Sans doute, est-il juste d'observer ici qu'il

aura ni vainqueurs, ni vaincus. Belle image !
— Malheureusement, la vérité étant en cause,
ce n'est pas une formule d'apostolat, digne
des ambitions de l'Action catholique, que d'accepter un compromis entre ce qui est et ce qui
n'est pas. L'apostolat travaille à convaincre,
ainsi ne fait-il que des vainqueurs..... s'il réus
sit. Mais prendre les idées pour des hommes
et supposer qu'elles vont s'épouser, dans un
mélange de vrai et de faux.....

Ailleurs on annonce le concordat tout prêt,
qui n'attend plus que les signatures. — Il suffirait de lire les concordats nombreux, signés
depuis la fin de la guerre et de penser à notre
loi de 1905, qui promulgue la séparation des
Eglises et de l'Etat, pour comprendre que des
signatures n'ont pas force de loi. Il suffirait
aussi de s'informer, à bonne source... Passons !

D'autres encore rêvent de s'installer : on
déciderait de vivre avec la « peste du laïcisme », en la supportant au mieux. Comment ?
Grâce à un distinguo : le laïcisme est une
doctrine inadmissible, que nous rejetons, mais
il y a le fait de la laïcité, l'Etat laïque, dont
on s'accommoderait. Bref, on condamnerait la
doctrine, mais on admettrait son application.
Autant dire : Je condamne la fièvre typhoïde,
mais j'admets que vous en contaminiez mon
prochain, si non moi-même. — Mais, disait
Léon XIII, « l'Eglise ne peut approuver une
liberté qui engendre le dégoût des plus saintes
lois de Dieu et secoue l'obéissance qui est due
à l'autorité légitime. C'est là plutôt une licence
qu'une liberté, et saint Augustin l'appelle très
jutement une liberté de perdition, et l'apôtre
saint Pierre un voile de méchanceté. Bien plus,

cette prétendue liberté, étant opposée à la raison, est une véritable servitude... Celle-là, au contraire, est la liberté vraie et désirable qui, dans l'ordre individuel, ne laisse l'homme esclave, ni des erreurs, ni des passions qui sont ses pires tyrans ; et dans l'ordre public, trace de sages règles aux citoyens, facilite largement l'accroissement du bien être et préserve de l'arbitraire d'autrui, la chose publique. (1) Et, en effet, il y a un Bien supérieur des âmes et un Bien commun de la société qui s'accommodent très mal « du fait de la laïcité ».

C'est une grande leçon de fierté chrétienne que Léon XIII donnait en écrivant encore : « La défense du nom chrétien réclame impérieusement que l'assentiment aux doctrines enseignées par l'Eglise soit, de la part de tous, unanime et constant, et, de ce côté, il faut se garder, ou d'être en quoi que ce soit de connivence avec les fausses opinions, ou de les combattre plus mollement que ne le comporte la vérité. » (2)

Sans doute le même Pontife enseignait-il qu'il faut souvent, ici-bas, supporter un mal pour éviter un mal plus grand. Mais le supporter n'est pas s'en accommoder, ce n'est pas cesser d'en montrer la nocivité, ce n'est pas renoncer à le guérir, dans la mesure où la paix sociale et le Bien commun y consentent. Attitude moins facile que l'acceptation, mais assurément plus chrétienne.

*
* *

Ces tendances, propres à certains tempé-

----

(1) *Immortale Dei.*
(2) Ibid.

raments qui inclinent plus à la concorde qu'à maintenir les droits de la vérité, et qui ne voient pas que la conception catholique de l'ordre social doit être maintenue intégralement sous peine de lui enlever tout ce qui peut, en elle, attirer les cœurs droits, ces tendances sont à écarter rigoureusement de l'Action catholique, aussi bien d'ailleurs que l'excès opposé qui porte à une intransigeance absurde ; problème de tous les temps.

La vertu, intellectuelle ou morale, réside dans un juste milieu entre deux excès qui sont erreurs ou vices. Dans l'action, la vertu est encore entre deux extrêmes, dont la prudence préserve l'homme. Mais il est malaisé de se tenir toujours au juste point d'équilibre.

Deux espèces d'hommes ont faussé la théorie du juste milieu : les premiers, sous prétexte de sagesse, de prudence, de raison, de bonne éducation, ne craignent que le mal par excès et semblent oublier qu'il y a aussi un mal par défaut. Ils tremblent constamment qu'on aille trop loin dans l'amour et dans la haine, dans l'audace et dans la colère, dans la force et dans le courage, dans la générosité et dans la vérité. Le monde est rempli de leur plaintes : à les entendre, les bons parlent toujours trop haut, les sentiments sont trop vifs, l'Eglise trop intransigeante, les chrétiens trop jaloux de leurs droits, trop sensibles aux injures, trop accessibles à l'indignation, trop prompts à se défendre...

Ce modérantisme est fils de la peur et dénote une infériorité dans l'intelligence de ceux qui l'ont conçu. De plus, il est ennemi de tout enthousiasme et de tout héroïsme, il est opposé à toute action vigoureuse, il est l'adversaire dans le monde de toute explosion de vie et, en conséquence, de toute vertu...

D'autres tempéraments procèdent par des voies

contraires. Pour eux, le juste milieu consiste à fuir le mal par défaut. Excessifs et outrés en tout, ils estiment qu'on est coupable de se taire, criminel de ne pas agir, condamnable si on ne remue sans cesse ciel et terre pour changer le monde. Jamais, à leur gré, on ne crie assez haut, jamais on ne frappe assez fort, jamais on ne fait assez de bruit, ni assez de tapage ; on dirait à les écouter, que la vertu n'existe plus si le monde par elle n'est constamment bouleversé... En ces hommes outrés, il y a de la vie, de l'élan, de la générosité, mais la raison modératrice manque...

Entre ces deux catégories de caractères si tranchés, on rencontre des individus qui oscillent sans cesse d'une extrémité à l'autre. Leur vie est une alterna-tive d'exaltations et d'affaissements, de présomptions et de découragements... Une pareille vie n'est pas humaine, car elle n'est pas raisonnable, c'est une suite d'imagination et de sensation qui régissent souverai-nement les mouvements de l'âme et la laissent à l'état d'enfance (1).

Non, le juste milieu de la vertu n'est pas facile à garder. « L'étude, la réflexion, la rec-titude de l'intention et du jugement, la mémoi-re du passé et la docilité à entendre les con-seils sont d'une grande utilité quand on veut diriger comme il faut son existence. » Et, dans l'Action catholique, où le juste milieu est de nécessité absolue, le chrétien doit se souvenir qu'il ne s'y tiendra certainement pas s'il ne vit de foi et de prière.

Se reposent ceux qui éprouvent déjà la fati-gue, les apôtres de l'Action catholique ne se tiendront pas satisfaits pour le peu qu'ils ont emporté. Ils savent trop bien que *rien* n'est

____

(1) R. P. Janvier, Conférence de N.-D. de Paris, 1900 : *La Vertu*, première instruction.

acquis définitivement et qu'il reste plus encore à faire.

Aussi bien suffit-il d'ouvrir les yeux pour voir à quel point est incertain l'apaisement définitif qu'on nous promet ici et là. Il est évident que l'atmosphère est changée — encore une fois un régime d'opinion ne peut rester indifférent à deux millions et demi de catholiques organisés. Mais qu'on nous dise sur quoi nous nous appuierions pour nous assurer du changement.

Sur le Parlement ? Il sera ce que nous le ferons, meilleur en 1932 qu'en 1928, si l'Action catholique ne s'est pas relâchée, au cours de ces quatre années.

Sur le gouvernement ? Mais lequel ? Et que fera-t-il ?

Où est d'ailleurs la puissance publique ? Au Cabinet des ministres qui passent ? Ou dans les administrations qui restent ? Ou dans les loges qui agissent ? Oublierons-nous qu'un ministre de l'Instruction publique, décidé à réformer notre enseignement, et pendant le règne du Bloc national encore, a dû avouer plus tard que ses quatre directeurs lui avaient rendu impossible la réalisation de tous ses projets, sauf un, annulé peu de temps après son départ.

L'État, en matière d'enseignement, est-ce le Ministre de l'Instruction publique ? ou bien ne serait-ce pas le syndicat cégétiste, et maçonnique par la tête, de 60 à 70.000 instituteurs, qui disent : non ! aux pouvoirs publics, quand il leur plaît, sûrs d'être toujours écoutés ?

Le gouvernement public, sont-ce les ministres qui proposent, en faveur des congrégations, deux articles 70 et 71, assurés d'une large majorité au sein de la Chambre ? Ou bien est-ce la minorité radicale qui s'agite, injurie, menace et fait céder le gouvernement.

Sur quelle mer agitée veut-on nous faire bâtir ? Sur quel point fixe nous appuyer ? Une société sans religion ne saurait être bien réglée, disait Léon XIII. Sachons que ce dérèglement de la Cité sans Dieu, n'a d'autre remède que le retour à Dieu.

Ce qui apaise, ce qui rassérène le ciel de France, c'est une force catholique agissante : nous la maintiendrons telle. Et pour mieux pacifier encore, jusqu'au moment où l'apaisement se traduira par des textes de loi, les militants de l'Action catholique ne compteront que sur Dieu d'abord et sur eux-mêmes ensuite.

L'Action catholique de France

Ces pages achevées, le dernier mot est venu de Rome, où, par une faveur exceptionnelle, le Saint-Père a consacré lui-même S. E. le cardinal Verdier, archevêque de Paris. Aux représentants des organisations catholiques françaises qui s'étaient rendus dans la Ville éternelle pour entourer le nouvel évêque, S. S. Pie XI a voulu donner l'encouragement de Son auguste parole (1). Après s'être félicité de voir les pèlerins français sous la conduite du Cardinal Archevêque de Paris et du général de Castelnau, le Souverain Pontife a dit :

Vous êtes venus, comme dirait le général de Castelnau, en force pour vous emparer de votre et Notre cher Cardinal et pour l'emmener. C'est une chose qui le touche profondément mais qui Nous touche aussi, parce qu'il Nous est très doux de voir par votre si nombreuse délégation ce que Nous avons déjà vu à de nombreux signes, savoir la joie de toute la France qui prouve que dans ce choix, dans cette création, pour employer le terme technique, la France a été tout à fait avec Nous, tout à fait de Notre avis.

Et puis, il est très beau de vous voir venir dans la maison du Père de façon si parfaite, de façon si accomplie, non seulement avec votre Cardinal, mais avec une si belle délégation de l'épiscopat français et du clergé pari-

____

(1) 29 décembre 1929.

sien et surtout si magnifiquement conduite par
vo're et Notre cher Cardinal, par votre et
Notre cher général de Castelnau.

Ce sont là des choses qui parlent d'elles-
mêmes et ont, Nous semble-t-il, peu besoin de
commentaires et d'interprétations. Nous
voyons dans ce fait que vous êtes conduits par
le Cardinal et par le général la réponse à la
question que peut-ê're vous voudriez Nous
adresser pour demander ce que vous devez
faire pour témoigner votre reconnaissance au
Saint-Siège et au Saint-Père qui vous a donné
ce Cardinal et pour montrer au Cardinal lui-
même tou° ce que vous avez dans le cœur.

C'est bien là ce que vous voudriez Nous
demander, chers prélats, chers fils. chères
filles dont Nous connaissons déjà le zèle pour
l'honneur de l'Eglise et pour le bien des âmes,
c'est-à-dire pour le bien de votre pays, de la
France, de la société.

Eh ! bien, faites ce que vos guides vous
disent partout où s'exerce leur action que
Nous connaissons déjà bien.

Le nouveau Cardinal Archevêque de Paris
dira à Paris et à la France ce qu'il a déjà dit
pendant une si longue suite d'années de travail apostolique et ce que toute la France connaît déjà. il dira et il montrera par son exemple, surtout aux prêtres. comment on fait
l'apostolat. l'apostolat hiérarchique. L'aposto
lat véritable et profond, et le général de Castelnau vous dira comment on participe à cet
apostolat. comment les laïcs. comment le laïcat
peut et doit participer à l'apostolat hiérarchique. commment doit se réaliser et être
féconde cette collaboration du laïcat à l'apostolat hiérarchique dont Nous avons exposé la

nature et l'essence dès notre première Encyclique en recommandant l'Action catholique

Voilà l'un et l'autre apostolat : l'apostolat
hiérarchique dans votre Cardinal, la collabo
ration laïque dans votre général et dans tous
ceux qui viennent derrière eux. Il y a là une
éloquence si claire, si belle, si solide, si suffisante à toutes les exigences que Nous ne trou-
vons nécessaire de rien ajouter.

Et en effet, tout ainsi précisé à souhait, il
n'y a rien à ajouter. Vous êtes ensemble le
corps du Christ, disait saint Paul, et indivi
duellement ses membres.

TABLE DES MATIÈRES

LANGRES. — IMPRIMERIE SAINT-PIERRE